名师名校名校长

凝聚名师共识
回应名师关怀
打造名师品牌
培育名师群体

邵明远题

核心素养下的音乐教学研与悟

吴海芳 ◎ 编著

中国出版集团　现代出版社

图书在版编目（CIP）数据

核心素养下的音乐教学研与悟 / 吴海芳编著. —北京：现代出版社，2022.11

ISBN 978-7-5231-0033-2

Ⅰ.①核… Ⅱ.①吴… Ⅲ.①音乐课—教学研究—中学 Ⅳ.①G633.951.2

中国版本图书馆CIP数据核字（2022）第235999号

核心素养下的音乐教学研与悟

作　　者	吴海芳	
责任编辑	张红红	
出版发行	现代出版社	
地　　址	北京市安定门外安华里504号	
邮政编码	100011	
电　　话	010-64267325　64245264	
网　　址	www.1980xd.com	
印　　制	北京政采印刷服务有限公司	
开　　本	710mm×1000mm　1/16	
印　　张	11.75	
字　　数	188千字	
版　　次	2022年11月第1版　　2022年11月第1次印刷	
书　　号	ISBN 978-7-5231-0033-2	
定　　价	58.00元	

目录

第三辑　我们的教学反思

第四辑　我们的课题研究

第五辑　我们的言为心声

第一辑

01

我们的工作室

工作室简介

2019 年 7 月 3 日，我十分荣幸地成为江西省九江市首届中小学名师工作室十位领衔人之一，对我和工作室的学员们来说，这是一种机遇，更是一种挑战，这是九江市政府、九江市教育局领导们对基础教育工作者更深层的鼓舞，也让我们能与江西地区乃至全国音乐教师之间有更多的交流和学习机会，我们将一路前行，虽然道路崎岖，但前途光明。

九江市吴海芳高中音乐名师工作室是在江西省教育厅首批认定"乐在其中音乐网络研修工作室"的基础上发展起来的，秉承"名师引领、搭建平台、打造新名师"的建设思路，以丰富多彩的音乐教研活动为载体，以课堂教学、课程开发、课题研究能力提升为主要任务，把工作室建成九江市音乐教师成长的孵化器，使其成为新音乐名师的摇篮。目前，工作室共有 5 位九江市中小学音乐教育一线核心成员，均为音乐本科及以上学历，她们音乐专业突出，教学基本功过硬。为帮扶周边县区音乐教师专业成长，每位学员招收 2~3 名教龄 5 年内的青年教师，共增加了 10 位帮培学员。

工作室成立三年来，成功入选"全国基础教育音乐名师工作室联盟"，主持人当选联盟理事，工作室活动成果收入中国出版集团研究出版社《中国名师工作室名录》，主持人辅导音乐微课荣获全国二等奖，多名学员荣获市学科带头人、区骨干教师荣誉。5 人次主持或参与 3 项省级课题顺利结题。12 篇论文发表于省市级刊物。课件、论文、优质课屡获全国、省、市奖项。疫情期间更是集工作室集体智慧录制了近 20 节音乐线上课程，为驰援湖北及省内音乐线上教学贡献了一分力量。

李军副市长为吴海芳颁发证书及授牌

工作室领衔人　吴海芳

工作室领衔人牌匾

启动仪式上全体工作室成员合影

工作室领衔人聘书

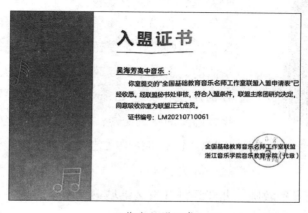

工作室入盟证书

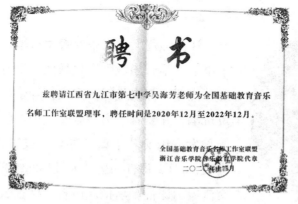

吴海芳受聘担任全国基础教育音乐名师工作室联盟理事

工作室骨干名录

赵雪瑜

中共预备党员，江西省九江双语实验学校工会副主席。九江市第六届学科带头人，九江市教育学会先进工作者，九江经济开发区音乐工作室成员，校音乐名师工作室主持人。积极承担各级公开课展示活动，主持并参与2项省级课题。撰写论文14篇，分别在省市级论文评选活动中获奖并发表，指导青年教师参加课例比赛，获市级优秀课例一、二等奖。指导学生参加各项文艺会演8次，并获得省级、市级一等奖。

结对帮扶青年教师：九江经济开发区港城第二小学周玥、九江市鹤湖学校夏紫君、都昌县鄱湖学校管炜亮。

罗莹

江西师范大学音乐教育本科毕业，江西省九江市第七中学音乐教师，执教的《青春舞曲》获"一师一优课"部级优课。多次指导学生合唱、戏剧及班班唱，并获省、市一等奖。国家级、省级、市级刊物发表论文若干篇。参与完成了6项省级课题，《彩云追月》课件入选"人教杯网络音乐课件"全国交流展示课件。承担江西省"赣教云"秋季初中音乐《游击队歌》网课的录制。

结对帮扶青年教师：九江市柴桑区第二中学孔荧、经开区第二小学彭亚。

汪雅君

毕业于南京艺术学院音乐学院，江西省九江市濂溪区第一中学教师，濂溪区骨干教师。荣获德国慕尼黑国际音乐节声乐组银奖。多次参演江西省教育厅主办的教师组合唱节目，并且均获一等奖。参与音乐微课公益活动援助湖北、承担江西省"赣教云"线上课程的录制。多次担任市级高中音乐优质课评委。

结对帮扶青年教师：九江出口加工区学校谭旗。

李梦寒

回族，华中师范大学教育硕士，江西省九江市一中体艺中心副主任。江西省音协协会员，九江市音协副秘书长兼常务理事、音乐创作学会副会长，全市优秀共青团干。多次代表九江一中为泰国等交流生上音乐示范课。2019年7月，受邀赴意大利佩鲁贾音乐节交流演出。课件《中学时代》入选"人教杯网络音乐课件"全国交流展示，多次指导学生获省市级艺术节一等奖，个人获国家级及省级、市级奖20余项。

结对帮扶青年教师：九江瑞昌市第七中学余茜、湖口县江桥中心小学周静怡、湖口县大垅中学张鹏燕。

田若萌

华东师范大学音乐教育硕士，民建会员，江西省九江市一中青年教师，九江市音乐家协会会员。获国家级微课评比一等奖，国家级、省级、市级刊物发表论文数篇，执教的公开课多次获得市级优质课评比一等奖，在2018年江西省中小学音乐教师基本功大赛中获钢琴、指挥第一名全能一等奖，指导的学生节目多次获省级、市级一等奖。

结对帮扶青年教师：濂溪区外国语学校沈梦欢。

专家点拨

　　江西省教育厅于 2011 年 11 月首批认定吴海芳主持"乐在其中音乐网络研修工作室",受江西省中小学名师网络联盟专家团队的统一领导,接受江西省九江市中小学名师网络研修管理中心的管理与支持,我们整合省市教研室资源,以网络研修合作交流为方式,以音乐教学、课题研究为载体,促进了工作室中青年音乐教师快速成长。2016 年 12 月,教育部义务教育督导组专家来九江七中检查工作,专家们参观本工作室成果展,并对工作室工作的开展提出了建设性指导意见。

　　2019 年 6 月,原江西省教育厅教研室杜侦主任一行在九江市教科所音乐教研员黄晓葵老师的陪同下莅临九江七中检查工作,并与本工作室全体成员交流。2019 年 10 月,聘请江西省教育厅教研室音乐教研员杨文立老师为工作室顾问,并邀请她为工作室成员做了《高中音乐教师专业发展漫谈》专题报告及《全国音乐优质课课例分析》讲座,九江市教育局体卫艺王莉科长、九江市教科所音乐教研员黄晓葵老师、九江市第七中学李青校长都非常关心本工作室的发展,多次指导工作室活动策划及学员成长方案,特别是学员们的参赛课例打磨研讨均能提出合理的改进建议。

　　此外,我们也借助网络时代,广结全国各地音乐名师,学习借鉴优秀音乐名师工作室管理建设经验,在此向所有给我们工作室提供宝贵资源、学习平台的专家表示衷心感谢。感谢中国音乐学院博士生导师刘沛、谢嘉幸教授,首都师范大学音乐学院博士生导师郑莉教授,北京市海淀区教科院美育研究中心李金祥专家,北京市教科院基教中心音乐教研室梁洪来主任为工作室发展提供的咨询和帮助。特别感谢湖南师范大学音乐学院郭声健教授,上海市特级正高级教师、川沙中学教师发展中心陈璞主任赠送给学员们的音乐教育教学专著。

教育部督导组参观吴海芳主持的"乐在其中"
江西省高中音乐名师网络工作室展板

原江西省教研室杜侦主任、江西省音乐教研员杨文立老师
莅临工作室指导工作

聘请江西省音乐教研员杨文立老师为本工作室专家顾问

江西省教研员杨文立老师与学员交流

全国基础教育音乐名师工作室联盟成立合影

与上海、重庆等音乐名师工作室主持人合影

九江市音乐教研员黄晓葵老师点评学员公开课

校外培训

　　俗话说："读万卷书不如行千里路，行千里路不如阅人无数，阅人无数不如名师指路。"工作室采取"走出去、请进来"的方式拓宽学员视野，创造一切条件，尽可能让学员多出去听国家级音乐教育专家讲座、观摩省级以上现场优质课。

　　近三年，我们参加了2019年中国教育学会第二届音乐教育大会、全国第二届鄂尔多斯草原丝路合唱节，2020年人民音乐出版社主办的首届"音乐学科传承中华优秀传统文化研究"——礼乐弦歌鸣鸠琴教学论坛与成果展，2020年广东省高中音乐新课标·新教材·新理念教学课例展示与研讨活动，2021年首届人民教育出版社音乐课程试验区交流研讨会、全国基础教育音乐名师工作室联盟课堂教学展示与研讨会、"庆党百年唱响中原（郑州）合唱美育交流周"等观摩活动，并借助省、市教研室开展一系列音乐教师师资培训资源、竞赛活动，鼓励学员踊跃参与。

2019年8月参加第二届鄂尔多斯草原丝路合唱节培训

与人民音乐出版社副主编杜永寿、中国音乐学院指挥系吴灵芬教授合影

参加"礼乐弦歌鸣鸠琴教学论坛与成果展"与中国音乐学院刘沛教授合影

参加广东省高中音乐新课标·新教材·新理念教学课例展示与研讨活动

参加人民教育出版社音乐课程试验区交流研讨会

参加全国基础教育音乐名师工作室联盟课堂教学展示与研讨会

参加全国基础教育音乐名师工作室建设高端论坛

参加庆党百年唱响中原（郑州）合唱美育交流周

示范引领

　　为进一步增强江西省乡村小学音乐紧缺学科教师教育教学能力，全面提升江西省乡村小学音乐教师素质教育的质量和水平，江西省教育厅师资处主办、省教研室承办的"江西省乡村小学音乐教师培训"于2019年暑期进行，来自江西等11地市共计1031名小学乡村音乐教师参加南昌、上饶、新余三地四次分期集中培训。我于6月28日至30日受邀赴上饶、新余两地为学员做《音乐教师嗓音训练》的专题讲座。我对小学音乐教师嗓音现状、嗓音训练的重要性，以及如何进行嗓音训练等相关内容做了阐述，并在授课中通过趣味互动游戏、学员才艺擂台等环节，充分调动了学员的参与性，讲座非常接地气，课间，许多学员纷纷就音乐教学及工作中遇到的难题向我咨询，我都耐心一一解答。九江《浔阳晚报》2019年8月23日刊登了《吴海芳老师为"江西省乡村音乐教师培训"授课》的相关报道。

　　2020年12月5日，全国基础教育音乐名师工作室联盟成立仪式在浙江音乐学院音乐教育学院隆重举行，全国高校美育教学指导委员会副主任委员、浙江音乐学院特聘教授郭声健，浙江省教育厅教研室中小学音乐教研员、特级教师杜宏斌，浙江省音乐家协会中小学音乐教育委员会秘书长、《中小学音乐教育》杂志编辑部主任丁淑兰，浙江音乐学院音乐教育学院院长汪洋，浙江音乐学院音乐教育学院党总支书记杨阳，以及来自全国53家基础教育音乐名师工作室负责人和团队成员出席成立仪式。

　　来自浙江、上海、广东、四川、重庆、江西、安徽、黑龙江、江苏、福建等地的23位名师纷纷就关于各自工作室建设与卓越音乐教师培养进行专题讲座发言，我有幸通过前期遴选，在浙江音乐学院音乐教育学院崔学荣教授主持的分会场进行了主题为《向美同行，乐在其中——音乐名师工作室的建设与思考初探》专题讲座，我分别从本工作室团队教师培养策略以及工作室成立以来取得的成果等方面进行介绍。我们以此为契机，学习借鉴全国音乐名师工作室优秀团队建设经验，促进本工作室团队可持续发展。我还意外地与二十年前共同参加过教育部"跨世纪园丁工程骨干教师国家级培训"的同学广东宋曼蕾、吴少华，福建金蕾相聚于浙江音乐学院。二十年来，大家持之以恒在各地进行音乐一线教学，今天以硕果累累的音乐名师工作室业绩回报了当年首都师大所有培训专家的谆谆教诲。我还非常荣幸获得全国基础教育音乐名师工作室联盟理事荣誉。

此外，我多次担任省市级优质课等赛事评委，2020年11月担任江西省高中音乐优秀课例现场展示评委，2021年12月担任江西省初中音乐优秀课例现场展示评委，并做点评发言，受到一致好评。工作室成员赵雪瑜、田若萌等多次分别承担开发区、市直音乐展示课、示范课任务。汪雅君、罗莹等也多次担任各地市优质课等比赛评委。

吴海芳解答"江西省乡村小学音乐教师
培训"上饶学员教学困惑

吴海芳解答"江西省乡村小学音乐教
师培训"新余学员教学困惑

吴海芳在全国基础教育音乐名师工作室建设
高端论坛上做专题报告

浙江音乐学院崔学荣教授颁发专题报告证书

吴海芳被聘为全国基础教育音乐名师工作室联盟理事

与郭声健教授，"跨世纪园丁班"同学暨广东、
福建音乐名师相聚浙江音乐学院

学员赵雪瑜执教市级初中音乐示范课《彩云追月》

战疫助学

2020年春节，突如其来的一场病毒疫情打破了我们平静的生活，江西省教育厅第一时间发动了"战疫助学"活动，2020年2月10日—5月8日，我义不容辞地接受了江西省教育厅音乐教研员杨文立老师的邀请，担任了江西省"停课不停学"高中音乐线上课程专家组教案审稿及审核工作。近三个月的超负荷工作，一边是疫情防控形势严峻，作为共产党员、中层干部，需要完成学校、社区志愿者服务工作；一边还要赶"赣教云"录播课进度。每一节课，我们都是从抓紧时间修改教案—看录播课—几轮修改—再看录播课—最后定稿—上传前最后审核。多少个夜晚的一两点还在微信工作群里沟通，可以说，大家都是连轴转，虽然很累，但是看到我们的辛勤付出让江西省的高中生们终于可以在电视上收看到和教材同步的音乐课时，大家觉得累与苦都有所值。

这场史无前例的"停课不停学"不仅是疫情防控下的应急之举，更是一场互联网教育变革，我们有幸成为这场变革的参与者、经历者，应当尽力做到教育人的使命与责任担当。功夫不负有心人，我辅导的潘琳老师执教的《钢琴音乐的奇葩》荣获人民音乐出版社等举办的"万叶杯"全国网络音乐微课教学课例展示中学组二等奖，辅导的黄欣老师执教的《划时代的音乐大师——贝多芬》荣获江西省线上教学优质课评选一等奖。我还荣获了省教育厅颁发的"停课不停学"线上评审及审核荣誉证书。

在这没有硝烟的战场上，我们安居于室，却有多少人逆行而上，负重前行。众所周知，2020年的武汉在三个多月的封城期间，得到了来自全国各地各行各业的支持，可谓是一方有难，八方支援，湖北作为疫情重灾区，师生都居家不出，教学几乎处于停顿状态，为帮助湖北省内600余所学校近20万名学生在重归课堂之前开展线上教学，我动员工作室成员积极参加中国教师研修网等发起的"心系荆楚、名师驰援"助力湖北公益送教活动，工作室专门转发了相关录屏、音乐编辑、手写投屏等软件及教程，大家克服了首次录制微课、身边教学资源有限等困难，为拿出满意的作品，通宵达旦，几易其稿，最终我们提交了《探戈音乐》等8个中小学音乐微课。

为做好常态化疫情防控形势下全省教育教学工作，2020年8月，江西省教育厅发布了《全省中小学2020年秋季学期线上课程资源建设工作方案》等通知，在九江市教科所音乐教研员黄晓葵老师的统一部署及指导下，九江共完成了36节初中音乐线上课程。本工作室4位学员承担并顺利通过《飞来的花瓣》等6节"赣教云"线上课程录制，学员赵雪瑜在录课心得中说："看到春季'赣教云'中的精彩课堂，就非常期待，暗想如果自己也能上这种线上课会是怎样的呢？秋季接到上级任务，我由激动到紧张，在集体备课和录制的过程中学到很多以前没有的经历和经验。"学员纷纷表示能参加此次录课，心中倍感荣幸，分外珍惜这次录课的学习机会。

我们每个人都是疫情之中的当局者，虽不能奔赴抗疫一线，但我们尽微薄之力，面对难熬的日子，我们更需要正能量的抗疫精神来鼓舞自己。歌德说过："只有刚强的人，才有神圣的意志，凡是战斗的人，才能取得胜利。"

虽然目前疫情还在肆虐，但我们相信冬必尽，春可期，愿山河无恙，人间皆安！

结对帮扶

2019 年 12 月，我被江西省九江市经济开发区小学音乐名师工作室聘为顾问，2020 年 10 月 22 日，我工作室学员到九江双语实验学校参与音乐学科教研联动活动，工作室学员赵雪瑜执教《匈牙利舞曲》。课后，工作室学员针对课例进行点评与分析。随后我还为九江双语实验学校、开发区部分学校的音乐教师做了《音乐教师核心素养培养策略》专题讲座。

我结合当前新时代美育现状，分析了现在的美育大好形势，对美育教师提出了更高要求，音乐教师不仅要提升自己的专业基本功、课堂内外教学组织能力，还要有科研能力，我们以课堂为抓手，钻研平时每堂课的问题，在点点滴滴中让自己得到提高。以音乐新课标为切入点，整体分析了音乐欣赏课、音乐歌唱课的教学思路。在座的青年教师听后都表示今后有了更明确的学习方向。

与此同时，工作室学员也充分发挥骨干教师传、帮、带作用，帮助青年教师迅速成长起来，九江双语实验学校的赵雪瑜于 2019 年 9 月被学校聘为青蓝工程指导教师，2020 年 6 月被学校聘为小学音乐名师工作室导师，引领青年音乐教师专业成长及自我提升。

为加速工作室学员成长及扩大工作室资源共享原则，工作室还开展了"青苗行动"，学员们与湖口县、都昌县、柴桑区等 10 位县区青年音乐教师结对帮扶，2021 年 7 月 8 日，工作室开展与结对县区音乐教师一起线上观摩"全国音乐名师工作室展示课"专题研修活动，结队青年教师纷纷表示这样足不出户就能看到全国基础教育音乐名师工作室优秀课例现场展示及点评真的是受益匪浅，他们非常认真地做好听课笔记及心得体会撰写，工作室也及时将学员们优秀的心得体会整理刊发在工作室微信公众号上。

吴海芳受聘担任九江经济开发区小学音乐名师工作室顾问

九江市音乐教研员黄晓葵老师指导学员赵雪瑜市级初中音乐公开课

工作室赴九江双语实验学校参加联动教研活动

与结对县区音乐教师一起线上观摩"全国音乐名师
工作室展示课"专题研修

社会公益

自 1993 年 9 月入职以来，我一直都在基础教育音乐教学一线，没想到有一天会走进老年大学的讲台。1997 年 9 月，经江西省九江市教育局及校领导推荐，我被九江市老年大学聘为声乐班授课教师。据相关数据统计，目前中国 65 岁以上人口占比高于 14% 的老龄化社会标准，比此前预期的提前了四年。在全社会倡导尊老敬老、老有所学、老有所为、老有所乐的精神文明氛围下，能为这份夕阳红教育事业发一份光和热，我倍感荣幸。

2021 年 3 月，我受九江学院教育学院、基础教育研究所邀请，为教育学院大二学生做《一线名师专业发展之路》公益专题报告，能重回母校为师弟师妹的学业成长做一点力所能及的事情，我倍感光荣。中共中央办公厅、国务院办公厅印发了《关于全面加强和改进新时代学校美育工作的意见》，提出探索将艺术纳入中考，并表示力争在 2022 年做到美育全覆盖。初中音乐学业水平考查是在国家出台推进美育政策的大形势下孕育而生的，主要目的是对初中学生音乐素质的考核与评价，评估初中学生在校阶段的音乐学业水平。2021 年 5 月，受市教科所音乐教研员黄晓葵老师的邀请，我及工作室罗莹、赵雪瑜、汪雅君老师共参与完成十一中、田家炳中学、晨光中学、实验中学、六中、金安高级中学、三中、同文中学、七中 9 所中学音乐学业水平考查巡考工作，通过本次巡查工作，既督促学校开齐开足音乐课程，将美育教育工作落到实处，又加强市直中学之间的交流，并使我们有机会向兄弟学校学习交流音乐学科测评经验。为推广中华优秀传统音乐文化，丰富学校师生审美情趣，我和工作室罗莹老师在学校开展了师生鸣鸠琴社团，手拨鸣鸠琴，吟诵诗歌，倡导"礼乐弦歌"，助推美育之花开满校园。

2022 年 4 月，中国政府网公布了国务院同意将九江市列为国家历史文化名城的批复，九江历史积淀悠久，城市文化资源丰富，我作为一名音乐基础教育工作者，也想通过一己之力融入文艺志愿者服务之中。2022 年 1 月，九江市文艺志愿者协会音乐家协会分会成立大会顺利召开，按照相关条例完成了相关议程，选举产生了市艺志愿者协会音乐家协会分会第一届理事会及负责人，我十分荣幸地当选为副会长，后期我将带领工作室成员积极参加各项志愿者活动，弘扬"奉献、友爱、互助、进步"志愿者精神，让爱心永远传递。

九江市老年大学程来安校长为吴海芳颁发聘书　　　吴海芳荣获市老年大学"优秀教师"称号

吴海芳受邀为九江学院教育学院学生做公益讲座

吴海芳现场解答九江学院教育学院学生互动提问

吴海芳担任九江市同文中学 2021 年普通高中
学业水平考试巡考工作

吴海芳担任九江实验中学初中音乐学业水平考试巡考工作

吴海芳担任校教师鸣鸠琴社团授课教师

九江市第七中学教师礼乐弦歌琴社团合影

吴海芳被聘为九江市文艺志愿者协会音乐家协会分会副会长

第 二 辑

02

我们的教学设计

学会聆听

江西省九江市第七中学　吴海芳

一、教学目标

1. 通过孔子名言释义，使学生认识到对音乐的感悟、表现和创造是人类的一种基本素质与能力。高质量的人生应该用音乐美化自己的人生道路，从而激发和培养学生学习音乐鉴赏的兴趣与信心。

2. 通过对比聆听《草原放牧》《第六（悲怆）交响曲》第四乐章，感受音乐要素在这两部作品中所发挥的不同的艺术作用。

二、教学重难点

重点：聆听《草原放牧》《第六（悲怆）交响曲》，引导学生思考有哪些音乐要素在发挥作用、发挥了怎样的作用。

难点：通过欣赏，引导学生思考作品表现了怎样的音乐情绪、产生了哪些联想与想象、揭示了哪些社会内容。

三、教法、学法与指导策略

教法、学法：教师点评以引导为辅、以学生主动探究为主，用不同形式创编参与到音乐体验中。

指导策略：运用比较法，分析作品《草原放牧》《第六（悲怆）交响曲》的音乐情绪以及音乐要素发挥了哪些作用。

四、课型

新授。

五、教学用具

钢琴、课件。

六、教学过程

教学过程概述

教学环节	教师活动	学生活动	设计意图
导入	1. 听音乐片段《流水》。 2. 让学生说一说"高山流水遇知音"的故事。 3. 集体读导言、提问孔子名言的释义。 4. 思考：为什么这些名人如此热爱音乐	1. 学生聆听，并说出故事内容。 学生看引言部分。 2. 讨论：追求高质量生活情趣的人应该用音乐来美化自己的人生。也许我们不是作曲家、音乐家，但我们可以听、可以看、可以鉴赏。 启迪学生理解音乐与人生的关系、应该如何鉴赏音乐	背景音乐引趣在音乐中，结合学生自身经历寻找答案
新知探索	一、音乐要素知识点 1. 学生即兴创编节奏，体会相同的音符由于节奏的不同而产生了千变万化的音乐情绪。 2. 学生听辨四首旋律判断、分析旋律进行方向。 二、鉴赏《草原放牧》 1. 简要介绍《草原小姐妹》的故事背景、创作背景、琵琶、协奏曲相关内容。 2. 欣赏全曲。 3. 提问：这首作品的基本情绪是怎样的？	1. 学生欣赏作品。 2. 学生说出故事情节。 3. 听教师介绍背景。 4. 学生思考回答。 《草原放牧》第一主题："小姐妹"天真、活泼、乐观、富有朝气，勤劳放牧的生活情景。具有短调色彩。 第二主题：与第一主题形成对比，具有内蒙古长调的抒情性	1. 对理解音乐起辅助作用，了解曲目创作的时代、背景可以更好地帮助学生理解作品情绪。 2. 运用比较法分析作品主题，对比性强，理解更透彻、直观

第二辑 我们的教学设计

31

续 表

教学环节	教师活动	学生活动	设计意图
新知探索	4.聆听作品的第一、第二主题，分析主题所表达的不同情绪。介绍蒙古族歌曲长调、短调的特点。 三、鉴赏《第六（悲怆）交响曲》 1.引用作曲家的一段话："我肯定地认为它是我所有作品中最好的，特别是'最真诚的'一部，我从来没有像爱它那样爱过我的任何一部作品。"介绍作曲家及作品背景。 2.欣赏全曲。 3.提问：这首作品的基本情绪是怎样的？ 4.结合主题，认识音乐的形式要素在作品中发挥的作用。 5.引导学生思考：两部作品的思想内涵及社会意义	5.学生聆听歌曲《草原小姐妹》舞蹈律动。 《第六（悲怆）交响曲》 第一主题：哀伤的情绪。 第二主题：明朗、抒情的情绪。 1.学生互相交流，分析音乐主题，学生演唱，感受音乐要素的内容：节奏、旋律、和声、音色、力度、速度、调式、曲式、织体。 2.尝试用画旋律线、图画、朗诵等方式参与音乐体验	3.深入理解作品的主题情绪，通过探究活动，引导学生欣赏音乐的方法以及理解作品的能力
拓展	1.比较《草原放牧》《第六（悲怆）交响曲》的音乐情绪。你喜欢哪部音乐作品，为什么？ 2.思考如何进行音乐鉴赏	1.师生共同探讨，对比两首乐曲中的形式要素、发挥的不同作用，说出作品名称，谈谈喜爱的原因。 2.了解从音乐创作到鉴赏的三个环节	1.培养学生的表现力和创造能力。 2.引导学生音乐鉴赏的方法
本课小结	贝多芬名言："音乐是比一切智慧、一切哲学更高的启示。"		总结本课，为将来的音乐鉴赏打下基础

七、布置作业

《拓展与探究》第五题，学习了本课内容后，你对怎样鉴赏音乐、怎样理解音乐文化现象有何想法，写一篇文章。

八、教学反思

本课为高一音乐鉴赏起始课，规范好教学流程便于学生培养良好的学习习惯，本课紧扣音乐聆听、音乐要素对比分析、学生探究创编等方式培养高中生的审美感知、艺术表现和文化理解。

高一《音乐鉴赏》（人音版）2004版第一单元

《学会聆听》导学案

江西省九江市第七中学　吴海芳

班级：_____　姓名：_____

课前预习以下内容，写出你对本课题还有哪些疑问。

一、自主学习（课本第4~10页），了解以下要点

1. 音乐的基本要素、形式要素。

2. 了解琵琶协奏曲《草原放牧》的创作背景。

3. 了解《第六（悲怆）交响曲》的创作背景。

二、学习过程

（一）合作探究

1. 聆听背景音乐走进音乐教室（说出曲名及音乐故事）。

2. 孔子名言释义。

3. 结合自身经历，谈一谈音乐给你带来了什么，应该怎样鉴赏音乐、评价音乐。

（二）精讲点拨

1. 音乐要素有哪些？

2. 节奏：紧密的节奏表现欢快、乐观，松散的节奏表现忧伤、抒情，即兴创编节奏。

3. 旋律：上行表现积极乐观，下行表现忧伤，波浪表现抒情、热情。

聆听四段音乐判断，区分旋律线方向。

（三）课堂检测

1. 聆听《草原放牧》，思考相关音乐要素问题：引子由什么乐器演奏？运用了琵琶哪些演奏技巧？两个主题情绪相同吗？音乐要素怎样变化？

2. 聆听《第六（悲怆）交响曲》，思考相关音乐要素问题：旋律、节奏、速度、力度、音乐语言特征怎样？

第二辑　我们的教学设计

（四）拓展与探究

1. 聆听动画片《草原小姐妹》主题歌，模仿蒙古族舞蹈律动。

2. 聆听《第六（悲怆）交响曲》片段，尝试用配乐诗朗诵体验作品情绪。

3. 两首作品各自表达了怎样的社会现实？你更喜欢哪一首？为什么？

（五）布置作业

《拓展与探究》第五题，学习了本课内容后，你对怎样鉴赏音乐、怎样理解音乐文化现象有何想法，写一篇文章。

三、我的收获

能在音乐中联想，听赏、分析、描述音乐，理解音乐和其他人文艺术或人文艺术之处的其他学科之间的关系。

吴海芳授课《学会聆听》

半个月亮爬上来

江西省九江市第七中学　吴海芳

一、教学目标

1. 情感态度与价值观。通过学生个体实践、集体讨论、观看视频等活动，让学生感受合唱音乐的独特艺术魅力，培养对歌唱的喜爱。

2. 知识与技能。能够演唱《半个月亮爬上来》的各声部旋律，培养无伴奏合唱的能力，掌握相关的演唱技巧。

3. 过程与方法。在欣赏的过程中感受混声合唱带来的情感体验，在歌唱的过程中体会民歌的艺术魅力。

二、教学重难点

重点：学唱无伴奏合唱《半个月亮爬上来》，感受、体验其音乐情绪。

难点：培养学生自主排练歌曲的能力和协作的能力。

三、教学用具

钢琴、课件。

四、教学过程

（一）导入

学生听背景音乐走进音乐教室，营造轻松的氛围。（请学生聆听音乐，思

考问题并回答）

教师导入新课：这节课让我们走进合唱殿堂，共同感受合唱艺术的魅力。

学生预习展示：上节课布置课前作业：利用网络资源、书籍等资料收集关于合唱艺术的常识，整理并自制成小课件，由学生代表发言展示。请学生自评、生生互评、教师点评。

（二）新课

请学生聆听合唱音乐片段，分辨出各属于哪种类型。

介绍无伴奏合唱形式之———阿卡贝拉。

介绍合唱队形的编排示意图。

发声练习（合唱课呼吸训练热身、元音发声练习、声部协调训练）。

《半个月亮爬上来》背景介绍及带着问题聆听。

（歌曲给你的总体印象是怎样的？歌曲中最有特色的旋律有哪些？歌曲的曲式结构是什么？分别表达了怎样的情绪和画面？）

（三）拓展与训练

二声部合唱《半个月亮爬上来》。

（1）分声部视唱乐谱。

（2）分声部填歌词。

（3）分声部合唱。

（4）小组排练。

（5）小组内推选一名同学指挥，带领组内其他同学排练合唱。

（6）学生自评、生生互评、教师点评。

（四）课后延伸

1. 课后根据今天所学合唱常识，请你为《半个月亮爬上来》设计其他演唱形式。

2. 尝试课下排练《半个月亮爬上来》（混声四部合唱）。

五、教学反思

本课为高二学生《歌唱》选修模块教学内容，高二年级学生在音乐鉴赏与合唱上均有了一定的知识积累，接受能力强，思维也很敏捷，本课从培养学生核心素养的三个方面入手，注重培养学生积极主动地分析作品及各声部协调合作能力。

《半个月亮爬上来》导学案

班级：＿＿＿＿＿＿＿　姓名：＿＿＿＿＿＿＿

一、课前自主学习（歌唱课本第 8、14、28 页），了解以下要点

1. 合唱的定义及起源。

2. 合唱艺术的种类。

3. 列举你喜欢的合唱作品并说出其风格。

4. 你对合唱还有哪些疑问。

二、学习过程

（一）合作探究

1. 聆听背景音乐走进音乐教室（说出曲名及演唱形式）。

2. 上节课布置课前作业展示：利用网络资源、书籍等资料收集关于合唱艺术的常识，整理并自制成小课件，由学生代表发言展示（学生自评、生生互评、教师点评）。

（二）精讲点拨

1. 请学生聆听合唱音乐片段，分辨出各属于哪种类型。

2. 介绍无伴奏合唱形式之一——阿卡贝拉。

3. 介绍合唱队形的编排示意图。

4. 发声练习（合唱课呼吸训练热身、元音发声练习、声部协调训练）。

5.《半个月亮爬上来》背景介绍及带着问题聆听。

（歌曲给你的总体印象是怎样的？歌曲中最有特色的旋律有哪些？歌曲的曲式结构是什么？分别表达了怎样的情绪和画面？）

（三）拓展与训练——二声部合唱《半个月亮爬上来》

1. 分声部视唱乐谱。

2. 分声部填歌词。

3. 分声部合唱。

4. 小组排练。

小组内推选一名同学指挥，带领组内其他同学排练合唱（学生自评、生生互评、教师点评）。

三、课后延伸

1. 课后根据今天所学合唱常识，请你为《半个月亮爬上来》设计其他演唱形式。

2. 尝试课下排练《半个月亮爬上来》（混声四部合唱）。

这节课我的收获：能感受合唱音乐作品的独特艺术魅力，掌握规范的科学发声方法。

元旦文艺会演中吴海芳指挥合唱团

青春舞曲

江西省九江市第七中学　罗　莹

一、教学目标

1. 知识与技能。学会并背唱歌曲《青春舞曲》，正确把握歌曲的情绪，体会歌曲的旋律特点。

2. 过程与方法。通过音乐活动，调动学生的积极参与意识，培养节奏感和创造力，训练协调性，加深对歌曲风格的理解。

3. 情感态度与价值观。通过学唱歌曲，学生懂得青春易逝的道理，启发学生珍惜光阴，立志成才。通过不同的教学活动，激发学生对"青春"更深层次的理解。

二、教学重难点

重点：歌曲情绪与风格特点的体验和实践。

难点：感受歌曲的音乐表现形式，培养学生的节奏感和创编能力。

三、教具准备

钢琴、手鼓、铃鼓、奥尔夫打击乐器、多媒体课件。

四、教学过程

（一）情景导入，引情激趣

1. 教师演奏小提琴《新疆之春》，学生听琴声看图片了解新疆维吾尔民族，并说一说所了解的新疆维吾尔民族。

2. 介绍歌曲整编者王洛宾先生的事迹及其主要作品。

设计意图：课前学生的注意力都比较分散，运用提问法集中学生的注意力。通过情境创设，运用视听法、提问法，激发他们的兴趣，为新课教学做了很好的铺垫，从而引入新课教学《青春舞曲》。

（二）学唱歌曲

（1）发声练习（为后面的欣赏合唱版本打好基础）。

（2）听教师范唱，回答歌曲的曲调、节奏、速度、情绪。

（3）随琴跟唱歌曲旋律。

（4）以旋律接龙的方式让学生再次熟悉旋律（讲解鱼咬尾的创作手法）。

（5）对旋律进行分析（讲解重复与变化重复手法）。

（6）教师教唱歌曲及教唱较复杂的附点节奏那句（附点节奏是新疆民歌常见的节奏之一）。

（7）对歌词进行分析，歌曲告诫人们青春易逝，一寸光阴一寸金，要好好把握时间、珍惜时间。

（8）再次完整演唱歌曲，教师加入铃鼓伴奏（要求唱出欢快的情绪和拍子的韵律感，注意"字正"才能"腔圆"）。

（9）出示伴奏节奏、教唱节奏并让学生用肢体语言找出"咚"和"大"

的音色（切分节奏是新疆民歌常见的节奏之一）。

$$\underline{\times\times\times}\ \underline{\times\times}\ \underline{\times\times\times}\ \times\ |\ \underline{\times\times\times}\ \underline{\times\times}\ \underline{\times\times\times}\ \times$$

咚大大　咚大　咚大大　大　｜　咚大大　咚大　咚大大　大

（10）一组学生演唱歌曲，一组学生用刚学的节奏进行伴奏，然后互换方式进行展示并评价。

设计意图：八年级学生的生理和心理特点都已经趋向成熟阶段，已经具有独立思考问题的能力，同时在学唱歌曲的过程中能够感受、体验歌曲的风格特点。

（三）创编环节

（1）通过两首合唱版本的欣赏，激发学生对音乐的感知力。

（2）演唱简单二声部合唱，基本能听出练声曲运用了合唱的部分旋律。

（3）用自己的方式改编歌曲并演唱。

（4）简介奥尔夫小乐器分类及奏法。

（5）将全班分为伴奏创编组、舞蹈创编组、歌曲演唱组三个小组，然后在班内展示。

设计意图：培养学生的想象力和创造能力，提高学生表现音乐的能力。

（四）拓展阶段，听赏不同表演形式的《青春舞曲》

设计意图：扩大学生的视野，激发学生对音乐各种表现形式的兴趣。

（五）小结本课

"美丽小鸟飞去无影踪，我的青春小鸟一样不回来。"我们应该好好把握青春，珍惜时光，刻苦学习，积极进取。真诚地祝愿同学们明天会更好，一天更比一天充满青春活力！

五、教学反思

在整个教学设计中，力求体现以学生为主体的思想，着眼学生的个性化发展，创设情境，激发学生的兴趣，以音乐要素为主线，贯穿整堂课。兴趣是学生学习的动力，教学中要培养学生的学习兴趣，学生有了兴趣才能取得好的教学效果。在课堂中要努力培养学生从自学、观察、探究中获得相关知识的能力，避免教师单纯地灌输。

六一合唱比赛罗莹指挥合唱团

踏雪寻梅

江西省九江双语实验学校　赵雪瑜

一、教材分析

《踏雪寻梅》由黄自作曲、刘雪庵作词，主题为欣赏冬天的自然美景。

本着大单元教研的理念，在做课题分析前，我详读了本单元《冬之旅》的单元教材。《冬之旅》是八年级上册的第六单元，安排的内容主要着眼人与自然，选择的作品动静结合，活动设计体现情趣性，既有轻快活泼的《踏雪寻梅》，又有优美抒情的《我像雪花天上来》等歌曲，旨在驱散严冬的寒冷，增加学生音乐的感受积累，从作品的创作手法、表现手法多样化的比较中发展对音乐作品的理解力。

《踏雪寻梅》是一首短小精悍、意境高雅的二声部艺术合唱歌曲，降 E 大调，四二拍，音域低音 b 到高音 e 之间，二段体，两个声部基本为三度至六度，偶有八度，歌曲旋律流畅活泼，歌词唯美淳朴，全歌借景抒情，情景交融，洋溢着骑驴赏花、怡然自得的神情，四次"响叮当"用断音来表现，生动地描绘了驴儿脖颈上的小铃声，表达了学生骑着毛驴，踏着冬雪去欣赏梅花绽放的情景。

二、学情分析

1.大多数学生对音乐只有感性的认识，对音乐的兴趣也只是停留在听、哼唱的层面，喜欢流行音乐等。其通俗易懂、时尚鲜明、动感活泼的曲风被越来越多的中学生所喜爱。

2. 古典音乐太深奥，听不懂；民族音乐太土，不好听。

3. 中学生的逆反心理和好奇心。对艺术类歌曲主动获取信息的愿望不强，还没有真正体验到艺术的美，更谈不上创造美。

三、教学目标

（一）情感态度与价值观

1. 聆听表现追求美的声音。引导学生发扬传承"梅花精神"，以及乐观向上的生活态度。

2. 体验、演唱二声部，感受合唱的和谐之美，树立团队意识，以及合作精神。

（二）过程与方法

反复聆听，体验感受等方法，在动中听，做中唱，编中创。

（三）知识与技能

1. 能够用轻快活泼的声音自信地演唱。

2. 能够和谐地完成声部之间的合作，体验合唱艺术的魅力。

四、教学重难点

重点：基本准确、完整地演唱两声部的旋律。

难点：歌曲情感、音色与歌曲的完美统一。

五、教学过程

（一）谈话导入，整体感知

师：同学们好，我是赵老师，来自江西一所"梅"文化的学校。（等几秒，表情夸张）是不是有点惊讶？此梅非彼梅，大家请看（播放校园图片），什么是梅文化呢？请听……

师：（放音乐）伸出手，跟我一起来（练习画画，设计声势律动，对镜子练习声势律动）。

师：在播放音乐的过程中，老师做了什么？你们又跟着老师做了什么？（生：老师画画，我们律动）

师：跟随音乐作画和律动，你的心情怎样？（生：开心、愉悦、活泼……）你们的音乐感受力真强，原来这就是音乐带给我们的情绪。

师：再次聆听音乐，你在歌声中听到了什么？演唱形式是什么？（生：雪、梅、驴、铃铛）

师：你们的耳朵真敏锐，这所有的景致（一一点出PPT的景致）构成了一幅美丽的图画。

师：自古以来，文人雅士常有赏爱风景、题诗作画的情趣。古有孟浩然冒雪骑驴寻梅之典故，曰："吾诗思，在灞桥风雪中，驴背上。"今天就让我们效仿古人，走进那片银色世界，骑着毛驴踏雪寻梅去（贴课题）！

（二）呼吸练习——闻香识梅

师：（手拿梅花）走进一片梅林，梅香浸雪、雪色映梅，一股清香沁入心扉（给学生闻，转一圈），让我们放松身体，感受空气中的芬芳，跟老师一起呼吸，看手势（练习呼吸手势）。

师：气沉丹田，感受腰腹部的扩张，再来一次。

（三）学习B乐段

1. 和声练习

师：带着这样的状态，用上科尔文手势，来唱这几个音，听（弹135，我再唱，边做科尔文手势）。

三度旋律音程构唱：1-3-3-5。

2. 低声部教唱

师：踏雪之人开始了他快乐的寻梅之路，瞧，他骑着毛驴（我做骑毛驴的动作），驴脖上的铃铛，叮当作响，听，他还哼着小曲呢（弹二声部旋律）。

师：我们试着唱唱它，准备开始。

师：在刚才的演唱中，老师发现了一些问题（出示：后半拍的呼吸）。

师：看老师的手势，仔细观察我用了什么办法（用音叉定音，示范唱）（生：哈了口气）。

师：对，尝试闻闻花香，我们再来一遍，看老师的手势（用音叉定音）。

师：同学们进步神速。如果气息再控制得好一些，就更棒了。（还记得我们前面的构唱吗）（气息沉下来，不要飘）（高音要直声轻唱）你能尝试背唱这段旋律吗？来试试（弹琴）。

师：歌曲究竟描绘的是怎样的场景呢？我们带入歌词来看看。谁来说一说这段歌曲描绘了什么、表达了怎样的心情？

师：来唱一唱。低声部起立，高声部带上耳朵仔细聆听，一会儿我要找同学来评价。休止符（演唱方式，跳跃）。

3. 教唱一声部

（1）跟琴初步感受（我弹琴，我唱一声部，生唱二声部）。

（2）找一、二声部节奏一样、旋律一样的地方。

（3）学唱一声部。

（4）解决演唱中出现的问题（八度叹气）。

（5）带词演唱，我唱二声部。

4. 一、二声部合唱

（1）解决演唱中出现的问题（音准、调声音、跳跃演唱、气息）。

（2）歌曲的这部分描绘了什么？（用"叮当"之声生动地描绘了骑驴赏梅的情景，抒发了赏梅后得到满足的喜悦心情）

（四）学习A乐段

1. 除了驴踏雪与它的脖铃儿声，这幅画中还传来怎样的歌声，让我们一起来听听（声势）。

2. 接下来一起学习这段旋律。跟随音乐，学生用"la"音演唱旋律（可反复多次）。

3. 尝试填词演唱歌曲。

"骑驴灞桥过"一句中"骑"字的处理（骑字弱起、其前面的八分休止符可做换气，"骑"字要一带而过，强拍要落在"驴"上）。

4. 这段由踏雪寻梅之人而歌的旋律描绘了什么场景，又表达了寻梅人怎样的情绪呢？（表现了寻梅人轻松、愉快的心情，兴之所至，高歌一曲的意趣）

5. 改变节奏和演唱方式，对比感受情绪。

（五）完整演唱（放录音，教师指挥）

1. 分乐段。

通过学习了解到歌曲分为几个乐段？判断依据是什么？（歌词、旋律、终止音、情绪）

2. 情感分析（旋律线起伏特点，歌词分析）。

3. 分声部再各唱一遍（弹琴，站着唱，评价）。

4. 完整演唱，录音（指挥，两个声部随机带唱，一个声部站着，一个声部坐着，评价）。

5. 加入小乐器创编。

6. 独唱和合唱，你更喜欢哪种演唱形式，为什么？

（六）词曲家介绍

这样一首充满童趣的歌曲，专门为青少年而作。由黄自作曲、刘雪庵作词，创作于20世纪30年代，这对亦师亦友的师徒背后又有着怎样的故事呢？请看这段视频（放视频）。

（七）升华与总结

古人善有读书意境、听乐吟诗、抚琴诵词，这些与今人有别。但不管古今，人们热爱生活的情趣依然如故。在不同的历史时期，人们热爱生活的方式也有着不同的体现，如疫情下的白衣战士……

至今，这首《踏雪寻梅》已经传唱了八十多年，除了词美，旋律轻松愉悦外，更深层的正是这部作品中，中国民族文化的魅力感染和民族精神的传承。

最后让我们在杨鸿年老师合唱版的《踏雪寻梅》中结束今天的音乐课。

赵雪瑜授课《踏雪寻梅》

月 光

江西省九江市第七中学　罗　莹

学生	高二年级	人数	30人	时间	45分钟
知识点	《一个人的流派——德彪西》				
教科书	《音乐鉴赏》人民音乐出版社				
教学环境	多媒体教室				
教学重点	感受印象派音乐作品的创作风格				
教学难点	通过欣赏，体会音乐表现的意境、情感、艺术形象				
教学方法	首先调动学生的积极性，激发学生的兴趣；其次以学生为主体、教师为主导				
教学手段	通过现代化多媒体教学与传统的教学模式相结合的方式，让学生对本课内容有一个初步的认知				
教学目标	一、欣赏法国作曲家德彪西的钢琴作品《月光》，感受体验其音乐的风格特征；认识音乐要素在音乐表现中的作用 二、初步感受印象派音乐作品的创作风格 三、通过对音乐作品的格调、人文内涵的感受和理解，学生的情感世界受到感染和熏陶，进而养成对生活的积极乐观态度和对美好未来的向往与追求				

教学程序			
教学环节及时间	教师活动	学生活动	设计意图
导入 6分钟	1. 播放《水调歌头》课前音乐 2. 介绍"中秋拜月"的故事 3. 规定情境表演	1. 听着熟悉的音乐走进课堂 2. 听故事引起学生的学习兴趣 3. 请学生上台表演	1. 听歌曲导入欣赏月的浪漫意境 2. 激发学生的学习兴趣 3. 在"规定情境表演"中，让学生自主感知
深入 4分钟	1. 播放德彪西的《月光》，请学生说一说感受 2. 介绍作曲家生平及其乐曲的创作背景	1. 闭上眼睛初步感受乐曲 2. 了解作曲家生平及其乐曲的创作背景	1. 情感体验 2. 认知作曲家及其乐曲的创作背景
分段欣赏 15分钟	1. 听赏A段音乐，提问"这段音乐的节奏力度与速度有什么特点，作者营造出怎样的意境" 2. 听赏B段音乐，提问"这段音乐的节奏力度与速度发生了怎样的变化" 3. 听A′段音乐有什么特点 4. 引用名人对此曲评价的语句	1. 学生带着问题仔细聆听音乐，并逐一回答问题，教师补充讲解 2. 学生朗读名人对此曲评价的语句	分段欣赏，使学生对乐曲有一个较为理性的认识
拓展 10分钟	1. 对比欣赏贝多芬的《月光奏鸣曲》 2. 通过对比来让学生总结印象派音乐的特点	1. 学生回答问题，教师补充 2. 学生自己归纳印象派音乐，教师补充	1. 对比欣赏，扩大学生的知识面 2. 加深学生对印象派音乐的了解
互动 8分钟	营造月光意境，让学生用自己的方式感受德彪西的《月光》	请几位学生随音乐即兴表演（绘画、诗朗诵、舞蹈等）	鼓励学生根据音乐即兴表演和即兴创作，亲身感受音乐
归纳总结 2分钟	1. 回顾并总结全课 2. 布置作业：同学们用心中的音符和心爱的方式来谱写你"心中的月光"	1. 学生理性认知 2. 希望同学们用积极的心态谱写自己心中的月光	1. 升华主题 2. 学生的情感世界受到感染和熏陶，进而产生对美好未来的向往与追求

《月光》教学设计说明

江西省九江市第七中学　罗　莹

一、课题

鉴赏《月光》。

二、教科书

高中《音乐鉴赏》人民音乐出版社。

三、教学设计指导思想和理论依据

依据课程标准要求，本课着重突出以学生为本，突出体现情感态度与价值观、过程与方法、知识与技能的学习，做到以音乐文化为主线，注重音乐与其他艺术的结合，从而开阔学生的文化视野。

四、教学背景分析

（一）教学内容分析

本课是一个独立的"印象主义"——德彪西，通过对他的钢琴曲《月光》的欣赏，以及对比欣赏贝多芬的《钢琴奏鸣曲》，加深学生对印象派音乐的理解。

（二）学情分析

从"月光"的角度出发，使学生对印象派不感到陌生，从而产生兴趣，使学生的情感世界受到感染和熏陶，养成对生活的积极乐观态度和对美好未来的向往与追求。

（三）教学方式、教学手段、技术设备等说明

首先，调动学生的积极性，激发学生的兴趣。①让学生在课堂中资源共享；②鼓励学生根据音乐即兴表演和即兴创作；③创设宽松的教学环境；④利用现代化多媒体教学手段。其次，以学生为主体、教师为主导。①鼓励学生主动参与教学；②发挥教师的主导作用。最后，注意学科之间的相互渗透。

五、教学流程概述

导入：让学生"规定情境（月亮为主题）表演"中自主感知。

⇩

深入：听乐曲说感受和简介作曲家及其乐曲的创作背景。

⇩

分段欣赏：通过教师引导，学生感知乐曲。

⇩

拓展：对比欣赏来介绍印象派音乐风格。

⇩

互动：听德彪西的《月光》，让学生即兴创编活动。

⇩

归纳总结：升华主题，希望学生用积极的心态谱写自己心中的月光。

六、教学反思

我采用"人文式"教学，"学科综合"是至关重要的，也可以说，只有把几个学科的知识综合起来，才能实现教学内容的"人文式"，从而使学生产生兴趣。通过以小见大、以点带面的方式，使学生对美好未来产生向往与追求，以开阔学生的知识文化视野。不足之处是，没能更活跃地进行比较欣赏，最大限度地调动学生的积极性。

九江市第七中学学生艺术团表演《半个月亮爬上来》

传统风格体裁的解体

——现代主义音乐的新趋向

江西省九江市第一中学　田若萌

一、教学目标

1. 知识与技能。通过对比，基本了解与掌握调性音乐和无调性音乐的区别。

2. 过程与方法。通过与同时期美术作品结合、分析音乐要素和谱例的方式，了解勋伯格无调性音乐和十二音音乐的创作技法，并运用十二音作曲技法创作无调性音乐。

3. 情感态度与价值观。通过对比传统风格的调性音乐与现代主义的无调性音乐，做到愿意了解和尊重每一种艺术形式。

二、教学重难点

重点：通过聆听勋伯格作品《五首管弦乐作品》的第一首《预兆》，并结合同时期美术作品，总结出无调性音乐力度、节拍、装饰音、协和度的特点。

难点：掌握并运用十二音作曲技法创作无调性音乐。

三、教学方法

1. 教法。讲授法、演奏法、对比法、欣赏法等。

2. 学法。比较法、听辨法、表达法等。

四、教学用具

钢琴、作曲软件 cubase。

五、教学过程

（一）导入

欣赏无声电影（《千与千寻》片段），并为电影选择配乐，初步感受传统音乐风格和现代主义音乐风格。

（二）欣赏传统风格的调性音乐

1. 介绍传统风格音乐的发展时间。

2. 介绍传统音乐中的作曲习惯——调性，通过教师的演奏，了解调性的两部分："调的主音"和"调式"。

（三）欣赏现代主义无调性音乐

1. 介绍勋伯格的生平。

2. 了解勋伯格的三个创作时期：继承调性时期、无调性时期、十二音时期。

（四）实践

1. 了解十二音作曲技法，掌握"逆行""倒影""逆行倒影"。

2. 尝试运用十二音作曲技法创作无调性音乐。

（五）总结

1. 对比导入环节的片段配上两段不同的背景音乐，辨别其是调性音乐还是无调性音乐，并通过对比，总结调性音乐与无调性音乐的作用。

2. 通过现代主义无调性音乐在电影中的运用，做到尊重无调性音乐，尊重每一种艺术形式。

教学建议：

1. 电子琴弹奏录课时需注意录音品质，特别是演奏无调性音乐杂音太大。

2. 勋伯格使用了奇特的配器音色，在作品欣赏过程中，建议通过编曲软件播放该乐曲，学生更能直观感受，如加弱音器圆号、长号及小号"花舌"技法。

3. 以音乐作品的要素聆听感受、对比分析、体验音乐为主，其他与此无关的教学内容可以删除。采用比较、讨论的方法了解学生对表现主义音乐的态度，鼓励学生说出喜欢或不喜欢的理由。

4. 讲解原型"逆行""倒影""逆行倒影"佐以勋伯格作品截图进行解析时能否播放相对应的音乐，便于学生理解。

5. 教案教学目标顺序应该是情感态度与价值观、过程与方法、知识与技能，教学重点可以是理解作曲家勋伯格的创作表现音乐理念及其产生的现实根源。

6. 无调性音乐应该加上配器。

吴海芳赠书给田若萌

池 上

江西省九江市第七中学　罗 莹

一、学习课题

学习礼乐弦歌琴《池上》。

二、教学目的

1. 了解"弦歌",感受它的艺术魅力。

2. 学习弹唱《池上》。

三、教学重难点

重点：弹唱时注意抱琴的姿势,以上身舒适自由为佳,但不可过分倾斜或僵硬,要能够随着旋律的弹唱而自然律动,以达到演奏姿态优美、演唱情感饱满的效果。

难点：在设计弹唱速度与力度时,应充分考虑作品的情绪和意境。

四、教学方法

要根据学生实际,注重引导其自学,注重启发思维。

五、教学过程

1. 教师示范礼乐弦歌琴弹唱歌曲《池上》。

2. 介绍礼乐弦歌琴，观看相关视频了解背景历史，一起学习礼乐弦歌琴。

"弦歌"是中华传统文化的一种经典习文学道方式、礼乐教化途径，也是中国人抒发情怀、修身养性的一种独特而雅致的技艺。对于弦歌的往事，历代文献也有不少记载。

如《论语》有载："子之武城，闻弦歌之声。"司马迁的《史记·儒林列传》："鲁中诸儒尚讲诵习礼乐，弦歌之音不绝。"唐代刘禹锡："俾我学徒，弦歌以时。"《史记·孔子世家》："三百五篇，孔子皆弦歌之。"冯梦龙《东周列国志》："孔子绝粮三日，而弦歌不辍。"等等。

3. 学习唐诗《池上》。

《池上》是唐代诗人白居易所写，他的诗中小品，通俗平易，真实自然。这首诗好比一组镜头，摄下一个小孩偷采白莲的情景。从诗的小主人公撑船进入画面，到他离去只留下被划开的一片浮萍，有景有色，有行动描写，有心理刻画，细致逼真，富有情趣，而这个小主人公天真幼稚、活泼淘气的可爱形象也就栩栩如生，跃然纸上了。

4. 学唱歌曲《池上》。

（1）该作品为 C 调，出现了附点、切分、前十六后八等节奏型，需要在弹唱时注意其准确性。

（2）演唱时掌握好气息，处理好音色，体现"依字行腔、意境为上"的规律。气息不宜太强，声音不要太靠前、太明亮，要唱得柔和、活泼，以表现出白居易眼中对偷采白莲孩童的慈爱之情为佳，既俏皮又可爱，情感自然流畅。

5. 学习弹奏歌曲《池上》。

（1）旋律中出现的附点、切分等节奏、节拍要弹唱准确。

（2）可以加上一些特殊技巧：采用单旋律伴奏时，可在个别长音处加上"揉弦""滑音"等技巧，为作品旋律增添意蕴之美。

（3）采用和音伴奏时，变换和音时，速度要及时，位置要准确。

6. 学习弹唱歌曲《池上》。

（1）在设计弹唱速度与力度时，应充分考虑作品的情绪和意境。这首古诗词作品充满了童趣，弹唱速度可采用中速或中速稍快，力度不宜太强，唱得轻快一些，表现出活泼愉快的情绪。

（2）弹唱时注意抱琴的姿势，以上身舒适自由为佳，但不可过分倾斜或僵硬，要能够随着旋律的弹唱而自然律动，以达到演奏姿态优美、演唱情感饱满的效果。

六、教学反思

通过学习弹唱歌曲《池上》，了解到弦歌根植中华传统文化的源头，蕴含着中华传统文化的基因，源远流长。弦歌不辍，薪火相传。它凝练着中国人文以载道、礼乐教化的优秀传统，有利于引领音乐教育扎根中国的立场、立根铸魂的站位、育人价值的挖掘、全面育人的内容拓展，进入"以美育人、以文化人"的境界，希望更多喜爱中国传统音乐文化的朋友来和我们一起学习（礼乐弦歌琴），用音乐的方式传承中国诗词歌赋，感受它的艺术魅力。

礼乐弦歌琴

校园的早晨

江西省九江濂溪区一中　汪雅君

一、教学内容

唱歌《校园的早晨》。

二、教学目标

1. 情感态度与价值观。通过学唱歌曲《校园的早晨》，培养学生对校园生活的热爱之情，启发学生要珍惜时间，树立理想。

2. 过程与方法。通过学唱歌曲《校园的早晨》，学会用轻快的声音演唱歌曲。

3. 知识与技能。准确演唱休止符、切分节奏，学习反复记号的运用。

三、教学重难点

重点：学习用轻快的声音演唱歌曲。

难点：准确演唱休止符、切分节奏，并掌握"声断气连"的演唱方式。

四、教材分析

本节课是七年级第一单元"中学时代"中的唱歌综合课，在第一单元前两课的基础上，了解了合唱、混声合唱在演唱时要注意声部和谐、均衡。

五、学情分析

七年级学生在音乐常识方面有了一定积累，对歌曲的情绪表达有一定的表现能力，在歌唱中培养学生正确的思想导向，陶冶学生的情操，启迪学生的心灵。

六、教学过程

（一）导入

同学们，度过了愉快的假期，再一次步入校园，你们的心中有怎样的感受？请看视频（一段录制学生对校园生活感知认识的片段，借机提问学生对校园的认识）。有这样一首歌曲能够表达同学们现在的心情，请听老师的演唱并思考：老师演唱的这首歌曲表现了什么内容？

这是一首校园歌曲（教师提示"校园歌曲"的含义：20 世纪 80 年代，海峡对岸传来的台湾"校园歌曲"开始在大陆流行，是指广受学生喜爱，流行于校园的歌曲，体现校园生活和学生心境或感受的创作。它朝气蓬勃，极富校园味道，激励学生进步。总体来说，其曲风朴实明快，积极向上，充满活力，深受人们的喜爱和传唱）。

下面请同学们认真听，和老师一起做个小游戏（拍出几分休止符和切分节奏的游戏，边拍边说：校园的早晨欢迎同学们）。

（二）教授新课

今天我们一起走进七年级第一单元，学唱《校园的早晨》，听，校园的早晨正在歌唱：播放《校园的早晨》。

同学们请思考这首歌曲的情绪是怎样的？（它是活泼、可爱、抒情，具有舞蹈性的）

请问你是从哪里感受到的呢？（旋律、节奏……引导学生从音乐的基本要素来分析）

歌谱中运用了大量的什么符号？（休止符，并用了很多切分节奏，找找看，哪些地方有切分节奏，并学习反复记号）

请翻开书本第 2 页，朗读歌词，歌词讲述了一个故事，让我们记住什么？（记住学生时代的美好时光，好好学习，以后长大成才）

同学们想想歌曲的演唱顺序是怎样的？分为几个乐段呢？（教师指导"从头反复记号"）（教师引导观察）分为三个乐段。A+B+A′，A段的反复记号表示要马上反复，再进入B段，A与A′段前部分相同，只是结尾不同。A段活泼跳跃，B段平稳、叙事，A′段回味校园时光（介绍A+B+A′三段式）。

老师知道同学们对歌曲的情绪把握得非常好，老师也喜欢这首歌曲。这首歌曲由高枫作词、谷建芬作曲。创作灵感来源于辽宁大学，诗人高枫在辽宁大学晨练时，看到校园内的晨读景象，便触发他写下了这首著名的校园歌曲，后由著名作曲家谷建芬谱曲，传唱全国。

接下来，我们一起来学唱这首歌曲，首先跟着老师练练声吧，跟琴学唱歌谱，接着跟琴演唱歌词。

1. 学唱第一段。这首歌曲是以校园为素材的，出现了很多强位上的休止，使音乐显得活泼生动，重点练习强位上带休止的乐句（教师提示：第一句休止的地方不换气，换气点在句尾，唱的时候要做到声断气连。第二句休止的地方要换气，休止对旋律有推动作用）。学生齐唱第一段。

2. 学唱第二段。分句指导歌唱，重点练唱有休止符的乐句，以及有切分的乐句（教师特别提示：在这个乐句中，出现了休止符、附点和切分节奏，比较难唱）。

3. 学唱第三段。重点练习最后一句，学生齐唱第三段。整首歌曲齐唱一遍。

在声乐的演唱形式中包括独唱、齐唱、对唱、重唱、合唱等。这首歌曲除了齐唱形式之外，还可怎样演唱？（男、女声对唱。教师提示这是一首二声部合唱歌曲）

请同学们根据乐曲中男、女声演唱提示，一起跟随伴奏，带着表情来演唱歌曲。

老师听见了，同学们演唱得非常好。

（三）拓展环节

大家还会演唱什么校园歌曲？一起来说一说、唱一唱吧（师生一起演唱，如《童年》《外婆的澎湖湾》）。

校园歌曲也被广大作曲家改编用"阿卡贝拉"的形式来演唱（教师提示："阿卡贝拉"是一种无伴奏演唱形式，其起源可追溯至中世纪的教会音乐，纯人声伴奏，给人耳目一新的感觉）。下面我们来欣赏用阿卡贝拉演唱的校园歌曲。

（四）结语

这节课，我们学习了一首校园歌曲，感受到了校园歌曲的清新。我们热爱美丽的校园，敬爱辛勤的老师，校园里有亲爱的伙伴，有动听的歌声，让我们在中学时代努力学习，做一名优秀的中学生。

汪雅君音乐会独唱

水草舞

江西省九江双语实验学校　赵雪瑜

一、教学内容

人教版九年级上册第五单元音乐欣赏课《水草舞》。

二、教材分析

《水草舞》是三幕芭蕾舞剧《鱼美人》中的一段群舞音乐，由作曲家吴祖强、杜鸣心创作于 1959 年，乐曲吸收了民族民间音调，形象且生动地表现了柔美的水草形象，乐曲由带再现的三段体 A、B、A 构成。A 段的音乐是由开始的 4 小节为主题核心发展而形成的以四分音符的琶音和十六分音符交织而形成的旋律，生动地刻画了水草在水波中摇曳的形象；B 乐段是 A 乐段的对比段，是以琶音为基础组成的旋律，在低音乐器上奏出。

三、学情分析

九年级学生的生活范围和认知领域进一步发展，体验、感受与探索创造的活动能力增强，在学习中，应加强对学生的培养，利用生动活泼、富于艺术魅力的形式，鼓励他们参与到音乐活动中，以此来激发、培养、发展他们的兴趣。

四、教学重难点

重点：通过欣赏《水草舞》，感受乐曲的音乐形象，分析乐曲结构。

难点：通过欣赏舞剧音乐片段，初步感受音乐与舞蹈之间的联系，学习舞剧相关知识。

五、教学目标

1. 情感态度与价值观。通过欣赏经典舞剧音乐作品，感受舞剧音乐的魅力，培养学生对舞剧和民族音乐的情感。

2. 过程与方法。通过对比欣赏等方法，感受乐曲的音乐形象。

3. 知识与技能。①了解舞剧相关知识；②引导分析曲式结构。

六、教学过程

（一）谈话导入

同学们，大家好，欢迎来到今天的音乐课堂。

谈到大海，你们的脑海中会浮现出什么画面呢？是宽广无边，又或是记忆深处那一抹海滩嬉戏玩乐的场景？说到海底世界，是否心生一丝神秘和向往：和煦的阳光照进奇异的水世界，五光十色的珊瑚，成群的小鱼在曼舞的水草世界穿梭，还有发生在那儿的神奇故事。

（二）新课教学

1. 欣赏 A 乐段。

今天，老师就带着大家走进大海深处，感受那里的景致，听听那里的故事。首先，请聆听一段音乐并思考如下问题，在相应的选项中选择对应的答案。

音乐的情绪、速度是怎样的呢？又是由什么乐器来演奏的？看看你们的选择是否和我一样。

优美的旋律在指尖流淌，速度为中速，由键盘类乐器钢琴演奏。

闭上眼睛再次聆听，音乐带给你怎样的感受，描绘了怎样的画面呢？

欣赏完本段音乐，同学们迫不及待地想表达自己的想法，先来听听他们的回答。

是的，旋律具有中国民族音乐风格，优美飘逸，仿佛看到阳光照射水面，波光粼粼，以及水草飘舞的画面。

说到水草，就不得不提起一首著名的中国音乐作品——《水草舞》，刚才我们欣赏到的那段优美的旋律就选自《水草舞》中的 A 乐段。

音乐何以带给我们波光粼粼，水草飘舞的画面呢？让我们走进乐谱，找寻答案（教师在钢琴上演奏琶音和十六分音符部分的音乐）。

琶音的演奏模仿着水的流动，而十六分音符的演奏则象征着水草随着水流飘舞的画面，琶音和十六分音符交替出现，仿佛远处波光粼粼，近处水草舞动，两者柔美地交织在一起。

2. 欣赏 B 乐段。

如果说 A 乐段的旋律是绵延起伏的，节奏是舒展的，情绪是优美的，那么聆听 B 乐段，音乐在旋律、节奏、速度、力度及情绪情感方面又有哪些变化呢？

音乐要素分析

《水草舞》					
乐段	旋律	节奏	速度	力度	情绪情感
A	绵延起伏	舒展	中速	弱—渐强	温情而含蓄
B	更为流动	紧凑平稳	中速	中强	更热烈富有生机

B 乐段的旋律更为流动，节奏紧凑，力度也较之 A 乐段有了加强，更显生机勃勃。

再次聆听 B 乐段，同 A 乐段相比，这段音乐在音区上发生了什么变化？是向高音区转移，还是向低音区发展？旋律进行又采用了哪种发展手法？

让我们来看看答案，B 乐段与 A 乐段在音区上形成对比，旋律转移到低音区。左手以低音区为基本旋律，高音区模进音调。一前一后，如影相随，紧跟不舍，表现鱼群在水草中穿梭、互相追逐的景象，展现了一个生机勃勃的水下世界。

3. 完整聆听。

完成了 A、B 乐段的分段聆听学习，我们来完整欣赏，请同学们拿出纸笔，通过听和画的方式记录乐曲结构，试着找出乐曲中哪几个部分是相同的？是完全重复，还是变化重复？

通过小视频中的图形谱可以看出，乐曲由引子、A、B、A′、尾声五部分组成，A′ 部分变化再现 A 乐段主题旋律，尾声部分则吸取了 A、B 两个乐段的音乐元素。

再次完整聆听，试着跟着图形谱，近距离感受水波和水草。

4. 介绍作曲家吴祖强和杜鸣心，简介舞剧《鱼美人》。

说起《水草舞》，就不得不提到一部三幕芭蕾舞剧《鱼美人》及这部舞剧音乐的创作者吴祖强和杜鸣心。

吴祖强和杜鸣心同在中华人民共和国成立初期任教于中央音乐学院，先后被选送到苏联学习作曲，1958年两人回国后联手为中国芭蕾舞剧《鱼美人》谱写音乐，《鱼美人》首演于1959年，这是两人的成名作，荣获中华民族20世纪音乐和舞蹈的经典奖，也成为中国芭蕾舞剧艺术发展初期的一部重要作品。下面我们通过舞蹈家陈爱莲及作曲家杜鸣心的人物专访，走进那段历史。

5. 观看《水草舞》舞蹈视频。

通过艺术家们的讲述，我们更加了解到那段特殊的岁月。人们常说"音乐是看得见的舞蹈，舞蹈是听得到的音乐"，舞剧音乐在舞剧中具有很重要的作用，二者缺一不可，下面就让我们通过舞剧《水草舞》的欣赏来感受音乐和舞蹈的完美结合。

视频中，艺术家们用自己的身体语言，在音乐的衬托下，完美地展示出水草的柔美和宁静。但是或许会有同学问，舞剧视频中的音乐似乎与钢琴版的有所不同，究竟是哪儿不同呢？我们来看一看、听一听，对比两种不同版本的音乐，它们在塑造音乐形象上又各有什么相同点和不同点。

6. 拓展。

管弦乐版本拥有丰富的音色和层次，而钢琴版本清澈干净，不管哪种音乐形式，都刻画了水草轻盈柔美的形象。除了这两种版本，《水草舞》也被音乐工作者改编成合唱曲，感兴趣的同学可以在课后自行聆听欣赏。

（三）总结

本单元，我们欣赏了中外舞剧中的一些经典音乐片段，如西方舞剧《天鹅湖》中的《场景》《拿波里舞曲》，中国舞剧《红色娘子军》中的《快乐的女战士》，以及本课所学到的舞剧《鱼美人》中的《水草舞》，希望大家今后多看、多听、多讨论，去开拓更为广阔的艺术视野。

吴海芳赠书给赵雪瑜

中学时代

江西省九江市第一中学　李梦寒

一、学习课题

歌唱《中学时代》。

二、教学年级

七年级第一单元第一课时。

三、教学内容

学唱《中学时代》。

四、教学目标

积极感受、准确学唱歌曲，尝试表现歌曲昂扬自信的精神面貌，与教师合作，初步体验合唱的艺术美。

五、教学重难点

重点：准确学唱《中学时代》的旋律和歌词。

难点：识读乐谱并学习正确的演唱方法。

第二辑　我们的教学设计

67

六、教学过程

(一) 导入

（播放动画）

刚才的视频中描绘了一名小学生逐步成长为中学生的故事，同学们是否感同身受，自己成长的经历也一幕幕浮现在眼前？在人生长河中，我们正式"解锁"了中学生活，今天，让我们一同步入"中学时代"。

(二) 新课

1. 初听全曲

让我们一起来聆听《中学时代》，请同学们思考并感受，这首歌曲表达的是怎样的情绪？

《中学时代》是一首旋律优美、音乐色彩明亮、情绪活泼愉悦的歌曲，歌词采用一问一答的形式，描绘了中学时代的美好画卷，塑造了中学生积极向上、充满理想的形象。

这首歌由王晓岭作词、戴于吾作曲，于1983年创作。当年，共青团北京市委、北京音协、《北京青年报》等单位举办了一次中学生歌曲征集活动，众多词曲作家踊跃参加了此次活动。活动结束后，主办方选出30首歌曲编印成册，老一辈音乐家吕骥为之作序，《中学时代》被收录为该册书的开篇曲目，这首作品传唱至今，影响了一代代莘莘学子，成为许多人中学时代美好记忆的一部分。

2. 再听歌曲

为了帮助同学们判断歌曲的节拍，我们一起来学习一下2拍子与3拍子的指挥图示。

2拍子（教师示范+图示动画）、3拍子（教师示范+图示动画）。

这首《中学时代》为四二拍，所以我们使用2拍子指挥图示。

接下来，我们再次聆听歌曲，请同学们判断歌曲的节拍，尝试随音乐的速度画出相应的指挥图示，并进行乐句划分。请同学们在指挥时注意拍点的清晰。

（PPT展示歌词动画，教师示范指挥与乐句划分）

3. 学唱歌曲

在学唱歌曲前，首先需要了解正确的发声方式，主要分为正确的发声姿势、正确的发声口形和正确的气息运用（PPT 列表显示）。

正确的发声姿势：身体端正自然，两臂自然下垂，双目平视，头部不要前俯后仰，面部肌肉自然、放松，面带微笑。

正确的发声口形：歌唱时应打开三个部位，上、下颌同时打开。上颌向上抬起，口腔后部喉咙打开，像打哈欠一样（图片示例）。

正确的气息运用：胸腹联合呼吸，口鼻同时吸气，气息进入肺部，肺部扩张，压迫了胸腔与腹腔中间的横膈膜，从而造成腹部的扩张感。

现在，我们来做一个简单的发声练习，用短促而有力的"ha"来唱下列练声曲。

1 = C 4/4

5 0   5 0   5 0   5 0 | 5 4 3 2 1 — ‖
ha   ha   ha   ha   ha- ah- ah- ah- ah

在给我们的嗓音做了充分的"热身"后，下面我们看到几组节奏，请同学们跟着老师准确地读出节奏（重难点教学）。

二八：X X   一拍附点：X· X
　　　ti ti　　　　　　　　tim ri

两拍切分：X X X   两拍附点：X· X
　　　　　ti ta ti　　　　　　tim- ti

我们将上列节奏进行组合，请同学们准确地读出下列节奏。

2/4 X X X X | X X X X | X· X | X X X | X X· X |
    ti ti ti ti   ti ti ti ti   tim- ti   ta ti ti   ta tim ri

X X X | X — | X — ‖
ti ta ti   ta- ah- ah- ah

非常好！现在，你们能准确而完整地唱出下列乐句吗？跟我一起来试试吧。

2/4 34 55 | 34 55 | i· 6 | 5ⱽ 12 | 3 3·3 | 2 2 1 | 5 — | 5 — |

（展示完整乐谱）接下来，请同学们跟老师一起尝试通唱全曲乐谱。

非常好！让我们一起面带微笑，带着初入中学欣喜愉悦的情绪，完整地演唱歌曲吧！（PPT展示曲谱）

4.多声部拓展

请同学们跟着老师的琴声，演唱出这段旋律。（PPT展示曲谱+教师领唱）

我们把《中学时代》的歌词放入这段旋律中进行演唱。（PPT展示曲谱+教师领唱）

现在，老师来演唱最先学习的《中学时代》旋律，同学们唱屏幕上的这段旋律，我们来听听效果如何。（PPT展示二声部曲谱+教师领唱）

同学们和老师合作得真棒！加入你们新的声部后，歌曲形成了一个二声部合唱的效果，音色更丰满、音效更动听了。

（三）结语

同学们，今天我们用正确的发声方式，共同演唱了二声部合唱歌曲《中学时代》。中学时代是美好的葱绒岁月，是人生初绽的蓓蕾，它见证着一名少年到青年的生命进阶。愿你们在这次蜕变中成长，编织出梦想的色彩，为漫长的人生长卷打上更加丰富而厚实的底色。本节音乐课《中学时代》我们就上到这里，同学们，下次再见。

吴海芳赠书给李梦寒

第 三 辑

03

我们的教学反思

基于音乐核心素养背景下高中
音乐新教材使用策略

江西省九江市第七中学　吴海芳

按照省教育厅教研室统一安排，2021 年 8 月 19—20 日，人民音乐出版社总编辑杜永寿、苏州科技大学音乐学院刘大巍教授及北京市艺术研究所傅显舟为全省高中音乐教师分别就 2021 年秋季即将使用的高中音乐（音乐鉴赏、歌唱、音乐与戏剧）三个模块新教材进行培训，我十分荣幸参加了此次线上培训活动。三位专家作为各自模块的主编，从新教材编写思路与特点、新教材解析及教学建议等方面，理论联系实际娓娓道来，听后顿觉醍醐灌顶，收获满满。

教育部制定并颁布的《普通高中音乐课程标准（2017 年版）》指出：音乐学科核心素养包括审美感知、艺术实践、文化理解三个方面，教育部普通高中音乐课程标准修订组王安国教授在解读新课标时说，新课标是以党的十九大精神为指引，全面贯彻习近平总书记提出的"以美育人、以文化人"方针，具有素质教育鲜明的大众性和普及性，是与义务教育音乐学科人文性、审美性、实践性一脉相承的。高中音乐课程整体设计打破了长期以来全国高中生都学一门《音乐鉴赏》的固定模式，双向拓展了音乐教师模块教学空间和学生选择空间，从而各地可以因地制宜、自主开发音乐教学模式，在培养学生高尚的音乐艺术情操的同时，使学生坚定中国特色社会主义道路自信、文化自信，引领学生形成正确的世界观、人生观、价值观，真正做到立德树人。

纵观高中音乐六个必修模块及六个选择性必修模块新教材，无论是课程的广度还是深度，都大大提高了音乐学科的专业属性。2021 年秋季全省新教材使用后，教师如何快速胜任？未来的教学方式又有何变化？我们该如何对学生进行与新教材相对应的评价？本文将从以下三个方面阐述高中音乐新教材使用策略。

一、熟悉新教材，胜任教学需求

高中音乐新课程中按照六个必修模块（音乐鉴赏、歌唱、演奏、音乐编创、音乐与舞蹈、音乐与戏剧）编写的教材就有六本，还有与之对应的选择性必修教材（合唱、合奏、舞蹈表演、戏剧表演、音乐基础理论、视唱练耳），一共是十二本新教材，如何在短时间内胜任教学一线工作，这就要求一线教师充分利用各种学习资源快速熟悉新教材。近几年，随着网络信息技术的不断进步，慕课、微课、翻转课堂、虚拟课堂等线上学习方式不断涌现，这就给广大教师提供了便利的学习途径。我曾经组织我工作室学员们通过 MOOC、钉钉专题讲座、腾讯会议在线学习了人民音乐出版社微信公众号推出的王安国等教授主讲的《人音版高中音乐教材培训》等，2020 年 12 月组织学员赴广东参加高中音乐新课标·新教材·新理念教学课例展示与研讨活动，2021 年 4 月赴北京参加首届人民教育出版社音乐课程试验区交流研讨会。我们通过线上线下学习，深刻理解了新教材结构内容变化，更新了新教材如何教、如何学、如何评等环节理念。当然，最重要的还是与教学实际相联系，我们以《音乐鉴赏》《歌唱》这两个开课率较高的模块新教材为主，熟知新旧教材的差别。例如，通过研读发现以上这两个模块都提高了中国民族民间音乐作品 5% 以上的比例，并且特别增加了《不忘初心》《我们从古田出发》等培根铸魂的民族正能量音乐作品。我在教学中还借助热播的影片《长津湖》，让学生谈一谈观后感，谈一谈什么是初心，引导学生要关注音乐中的家国情怀，铭记中国历史、传承优秀传统文化，从而构建音乐文化鉴赏品位。此外，我们还借助"赣教通 2.0"、人民音乐出版社、国家教育资源公共服务平台等浏览其他版本的新教材电子版，聆听全国权威音乐教育专家解读新教材，观摩全国音乐名师高中音乐"精品课"。

二、优化新教材，强化教研合一

高中音乐课堂教学是培养学生音乐学科核心素养的中心环节。音乐课堂教学必须首先确立准确合理的课堂教学目标。在教育方向上对整个教学活动的设计起着重要的指导作用，并为教学评价提供依据。而优化教材内容是教学设计的重要环节，也是全面提高课堂教学质量的前提和保证。作为高中音乐教师，还要熟悉义务教育音乐教材，了解学生从何而来、他们就读高中之前的音乐学习情况。教师要充分了解新教材上重要音乐作品的时代背景、作曲家及其创作风格、背记音乐主题、分析作品的体裁、表演形式、演奏音乐及音色、熟悉作品的表现手段等，并在此基础上对新教材进行延伸和扩展，对课程资源在广度和深度上进行挖掘与重新整合。如我教授《歌唱》新教材第二单元《理想之光》时，关于声乐的演唱形式等，初中音乐教材上就有过相关介绍，因此课前播放不同演唱形式的声乐作品给学生听辨，学生在分小组讨论中不知不觉温故了旧知，并在教学中结合高中阶段学生的认知能力。在每首音乐实践作品之后，按照新教材上新增"学练提示、作品素材改编练习"进行拓展。这里的拓展既不同于义务教育阶段的"创造"，又不同于专业的"作曲"，学生的创造性思维得到锻炼与发挥。我还利用备课组、四所不同学校名师工作室成员采用同课异构、分组梳理、共建共享新教材教学资源库，最大限度对音乐课程资源在广度和深度上进行挖掘与重新整合，只有这样创造性地使用教材、优化新教材，才能强化教研合一。

三、开发新教材，完善评价机制

由于经济文化等原因，全国各地学生音乐基础及音乐教育教学水平参差不齐，目前高中音乐有人音、人教、湖南文艺等版本，北京、上海等地使用五线谱版本，江西作为经济发展中的革命老区，无论是生源、音乐师资、音乐教学硬件及学习配套音乐专用教室等，与高中音乐新教材要求还有一定距离，我们要在教学实际中善于开发新教材，我们可以根据本地、本校情况适当将当地非遗音乐文化及井冈山革命老区红色文化与新教材进行整合。2021年初，我有幸参与了省教研室音乐教研员杨文立老师主编的《井冈杜鹃红》江西地方音乐教材收集编写工作。我在教授《多彩的民歌——飘逸的南国风》时，播放江西民歌《十送红军》《斑鸠调》等，请学生分组结合地理环境、人文历史、音乐要素等分析江西民歌的特点，并让学生回去和长辈学一学尝试用方言演唱家乡的歌，利用艺术节等举办"我爱唱家乡的歌"擂台赛，从而让学生了解了音乐来源于生活，并培养了学生热爱家乡的情怀，让教材真正成为教师易于表达和传授、学生易于主动接受的知识载体。

为力求探寻适合我校学生音乐核心素养的评价标准，我们成功申报了江西省教育科学"十三五"规划课题"中学生音乐核心素养评价研究"。课题组结合本校校情实际，根据音乐课程标准及音乐教材开发出《音乐核心素养测评模拟题》，促进我们准确把握音乐各学段学业标准，避免了教学盲目性，提高了教学效率。为全面动员营造氛围，落实贯彻教育部《中小学生艺术素质测评办法》，课题组细化了音乐测评指标，探索了多种音乐测评样式，推进学校音乐测评工作。另外，课题组努力挖掘音乐学科特有的人文内涵，从关注教师的教学行为评价过渡到对学生学的过程评价，建立多元评价体系，每节课通过师生、生生、小组评价学生兴趣、才艺、学习习惯等，并将学生参加校内外音乐展演等情况一并记入学生音乐学习档案，学生音乐测评将以此为依据。学生自主音乐需要、音乐实践能力、音乐情感体验、音乐文化理解落实到平时的教学中，最终彰显出音乐学科以美育人的价值。

总之，作为一名普通高中音乐教师，在"双新"背景下，自感责无旁贷，应努力践行新课程理念，以新课标为指引，努力做到熟悉新教材、优化新教材、开发新教材，在教育教学中，以"德育为魂、素养为本、创新为上"的教育观念引导学生聆听音乐、感悟人生。

参考文献

中华人民共和国教育部.普通高中音乐课程标准（2017年版）[S].北京：人民教育出版社，2017.

第三辑 我们的教学反思

创设情境导入，激发学习兴趣

江西省九江市第七中学　吴海芳

好的导入是一种教学技能，是教师在讲解新课时所运用和建立问题情境的一种教学方法。导入的关键在于上课的第一时间就能够引起学生的极大注意力，并激发学生学习音乐的兴趣，进而明确本堂课的学习目标，形成新的学习动机和动力，建立起新旧知识点之间的关系和联系。

教育学家第斯多惠说过："教学的艺术不在于传授的本领，而在于激励、唤醒、鼓舞。"新课的导入是课堂教学最自然、最恰当、最精彩的开端，是教学乐章的前奏，是师生情感共鸣的第一个音符，是师生心灵沟通的第一座桥梁。成功的教学需要的不是强制，而是激发学生的兴趣。可见，成功的导入是一堂课成功的关键，如果运用得好，就能起到事半功倍的功效。

2011年新版《义务教育音乐课程标准》明确提出：在教学过程中，应设定生动有趣的创造性活动内容、形式和情境，发展学生的想象力，增强学生的创造意识。音乐课情境教学是指在教学过程中，教师运用音乐特有的艺术魅力，有目的地创设一定情绪色彩、以形象为主体的生动场景，从而激发学生情感，帮助学生产生学习兴趣、理解学习内容的教学方法。首都师范大学曹理教授在专著《音乐学习与教学心理》中指出，这种教学模式创设了生动真实的情境，激发了学生积极的情感，通过学生的自主精神和合作意识，从而培养学生感受美、欣赏美、创造美的能力。情境教学的广泛使用已经达成了共识。情境教学也是根据作品的需要而设计的，尤其合适的才是有效的。情境教学的选择也是有讲究的。

情境教学在音乐导入环节用得尤其普遍，如教师运用与课题相关的视频、语言、自制道具的展示，可以很快将学生带入作品传达的情绪和内容之中。特别是初一年级的音乐教学，情境教学显得尤为重要，这个学段的学生正处于各种感官发育迅速的时期，知识水平有限，学唱歌曲和欣赏音乐作品都有一定难度，非常需要教师精心创设各种有效的情境，相比较其他音乐教学方法更能激发学生的学习兴趣与动机，能够帮助学生更好地感受和理解音乐。

在音乐课教学的起始阶段，设置贴切的情境导入可娱悦审美环境，唤起审美注意。如初中唱歌课《长江之歌》课例中，教师以电视纪录片《话说长江》导入，让学生观看影片，从而更好地了解歌曲的创作背景。以上这种用语言、图片描述情境也是我们教学中比较实用的一种导入方法。

音乐课的情境导入教学法又有哪些特点和价值呢？

一、情感性

心理学研究成果表明，健康的、积极的情感对认知活动起到积极的促进作用，消极的情绪对认知活动的开始和进行起到阻碍或抑制作用。调动学生的情绪与情感是情境教学的首要目的，"情感"在情境教学法中既做"动因"，又做"手段"，也做"目的"。如罗莹老师在执教人教版初中音乐九年级下册《游击队》一课时，导入部分播放歌曲《歌唱祖国》，学生迈着自信、豪迈的步伐进入教室。教师介绍说："正如歌曲《歌唱祖国》中所唱的那样，我们中华民族历经了种种苦难才得到今天的解放。下面请大家欣赏一部电影的精彩片段（播放电影《地道战》主题曲），你能说一说影片反映的是我国哪个历史时期吗？"学生们在视听结合的音乐情境下，马上抓住音乐的节奏特点及回答出作品的历史背景——抗日战争时期。

二、形象性

信息技术与媒体资源集音、像、动画于一身，生动形象，在创设教学情境吸引学生的注意、激发学生的学习兴趣方面具有其他教学手段不可比拟的优势。如赵雪瑜老师在执教人教版初中音乐八年级上册《彩云追月》复听全曲时，采用画图形谱的形式让学生感受主题出现的顺序和次数，学生很容易对以前很难理解的作品曲式结构一目了然。

三、启迪性

通过日常教学，我们发现，特别是在音乐课的听赏教学中，信息技术与多媒体资源辅助音乐情境优势更为明显。如汪雅君老师在执教人教版初中音乐七年级上册第一单元《校园的早晨》时，拓展了阿卡贝拉演唱形式的其他几首校园歌曲音乐作品，学生对这种演唱形式留下深刻印象，有的学生课后主动利用网络资源查找类似的校园歌曲。这样，教师不再是数字化教育资源的唯一使用者，学生课后独立查找音乐资料，信息技术素养得到快速提高。

初中学生的思维以形象思维为主，而音乐则是表现形象的艺术，需要学生有丰富的想象力，两者之间的结合点就是直观的、感性的形象。我们在教授音乐课的过程中，要努力挖掘音乐教材中可表现的情境因素，认真分析作品的一切音乐要素，精心设计，营造出相关的情境，使学生在轻松的气氛中不仅学到音乐知识和技能，还能得到美的熏陶，提高审美情趣。

除此之外，情境教学导入中还要注意以下几点。

1. 以音响设境为主

在欣赏《悲怆交响曲》这一乐曲时，让学生初听乐曲的第一乐段，教师不需要过多介绍。学生静下心来细细地品味音乐，发散思维，大胆想象。因为音乐是声音的艺术，是听觉的艺术，不能脱离音乐教学实际，不能使用过多或者不必要的视觉画面去干扰学生聆听音乐，甚至喧宾夺主。

2. 遵从灵活性的原则

教师创设的音乐情境要有助于学生理解作品，教学中应用情境教学的次数及时间要与教学目标相适应，不能过于花哨。如欣赏课《黄河大合唱》采取了聆听作品不同形式的演唱片段，并让学生分声部演唱，学生对歌曲有了多种体验，提高了学生鉴赏音乐的能力。

3. 处理好师生角色

在情境教学中，教师和学生犹如导演和演员的关系，情境模式正是依靠对人的情感进行诱导的方式，使"情境—教师—学生"三者之间形成相互推进的多向折射的心理场，从而缩短了学生与教师、教学内容之间的心理距离，促进学生以最佳学习状态主动参与到教学中。

总之，在音乐课堂教学中，要积极创设教学情境导入，使学生在充分感知的基础上，实现多种感官的有机结合。情境是一只船，教师不只是让学生坐在船上，更要引导他们动脑、动手学习划好这只船，与教师同舟共济，划向美好的音乐殿堂。

吴海芳与合唱团歌友参加九江市老年大学 2020 年元旦文艺会演

立德树人，润泽生命

江西省九江市第七中学　吴海芳

不知从何时开始，我们经常能在新闻、媒体报道中惊闻被人们称为"天之骄子"的大学生制造超出常人想象的违法犯罪事件，从清华学子硫酸泼熊到复旦投毒事件等，令国人哗然。我作为一名在一线教学近三十年的教育工作者，也常常百思不得其解，我们的教育怎么了？大家辛辛苦苦培养的大学生怎么会沦为阶下囚，甚至成为剥夺无辜生命的刽子手呢？我想造成这种现象的原因是复杂的。在这里，我仅做一个浅显的分析，因为命题庞大，定有缺失遗漏及片面之词，恳请各位指正。

一、在幼儿园里学到人生最为重要的东西

1998 年，75 位诺贝尔奖获得者齐聚巴黎，当记者问道："请问您在哪所大学里学到了人生中最为重要的东西呢？"一位长者回答："在幼儿园，把自己吃的东西分一半给小伙伴，不是自己的东西不去拿，拿了东西用完后要放回原处。"这些成功人士在反思人生时不忘在幼儿园里所学到的好习惯，可见一个好的习惯会让人一辈子享受不尽它所带来的"利息"，而一个坏习惯则会让人一辈子都偿还不完它所带来的"债务"。这些习惯不就是一个人的道德品行吗？

而现在的学生绝大多数是独生子女，可以说，家长是抱在手里怕摔了，含在嘴里怕化了，爷爷奶奶、外公外婆、爸爸妈妈宠爱都来不及，从小娇生

惯养，以自我为中心，也没有以前兄弟姐妹之间的相互照顾之情，不易养成与人协同合作的精神，这样的家庭背景下教育出来的孩子长大了只会成为自私"独我"的精致利己主义者。

二、教育现状——缺"德"的教育

再来看一看我们的教育现状吧：一句"不要让孩子输在起跑线上"，使多少孩子失去了童年的乐趣，被迫走进了奥数班、英语班，家长也不尊重孩子的兴趣爱好，乐此不疲地在双休日带着孩子奔波在各个培训班之间，为的就是"我家的孩子不能比别人差"。可是他们却忘记了孩子的天性，忘记了培养比这些技能更重要的良好的道德品行。

进入学校后，由于"应试本位"的教学观、"知识本位"的课堂观、"分数本位"的评价观，使原本传道授业的师者只授业而不传道，学而优则仕使得社会、家长、教师只注重学生的学习成绩，于是乎，课堂的"灌"、作业的"滥"、考试的"多"、管理的"死"，使学生成了知识的容器、考试的机器。沉重的学业负担、过重的升学心理压力，以及枯燥、乏味的校园生活，使学生失去了应有的活泼的精气神，他们被学习禁锢着，成为学习的奴隶。而那些学习成绩差的学生更是失去了自信、尊严，在他们的脸上再也看不到天真的笑脸、清澈的眼神。于是乎，出现了学生厌学、逃学、迷恋网吧、跳楼自杀，不满家长、老师的管教而发生的血淋淋的事件，这都是由于学校教育偏离了轨道，是缺"德"的教育，这样的教育抛弃了教育的本质——立德树人，失掉了教育应有的"本真"，走上了"不道德"甚至"反道德"的歧途。

三、立德树人的优良传统

中华民族历来是重视德育教育的民族。"立德"为我国古代所谓的"三不朽"之一，《左传》载有："太上有立德，其次有立功，其次有立言，虽久不废，此之谓不朽。"意思是人生最高的境界首先是立德有德、实现道德理想，其次是事业追求、建功立业，最后是有知识，有思想，著书立说。这三者是人生不朽的表现。把"立德"摆在第一位，是因为万事从做人开始。"一年之计，莫如树谷；十年之计，莫如树木；终身之计，莫如树人"，《管子》中的这段话说明我们的先贤已充分认识到培养人才是长远之计。"立德树人"也几乎是我国历代教育共同遵循的理念。而在如今的社会，评价一个人成功与否的标准不是看道德高低，而是看学历、财富。在这样的社会风气之下，很难保证不会出现危害社会的高学历知识分子，而他们的犯罪远比普通抢劫伤人更为可怕。前文所提到的高校惨案的发生告诫人们什么才是真正的人才，只有学识而缺少了最基本的人性与道德，为了各种各样的理由去残害他人、伤害生命，这样的人不配做人，毫无人格可言。我们要改变这种现状，必须从小就对学生树立正确的人生观和价值观，告诉他们是非对错，在学习知识之前应先做好道德教育。这才是我们当今迫切需要进行的教育改革。我们应当以立德树人为本，润泽生命，让教育的本质得到回归。

四、学校教育应处处体现德育为先的理念

古人云："才是德之资，德是才之帅。"我国一贯的优秀传统对人才的要求是"德才兼备"，也就是今天所倡导的"德智体美，立德为先"，立德、做人始终在先，处于统率地位。我们来看一看有的国家的考试制度，知识水平文化成绩占总分的 60%，此外，学生的公共道德、慈善情怀、社区服务能力等竟占总分的 40%，可见他们对这种"软素质"的重视度远远超过文化分数。由此我们也可以引以为鉴，改变过去人才培养的格式化、模式化，以应试和成绩为目标。按照《国家中长期教育改革与发展规划纲要（2010—2020 年）》的要求，教育要做到"二全"：一是要面向全体学生，不是像过去只是培养尖子学生，把多数学生当作"基数"垫底；二是注重学生德智体美全面发展，而不是只培养学生的某种智能或应试能力。教育必须关注学生的心灵、关爱学生的生命，倡导生命教育。2008 年，云南省以生命教育、生存教育、生活教育为素质教育的切入点，在全省实施"三生教育"，要求各地各校要按照文件要求，把"三生教育"列入必修课或限定选修课，开设"三生教育"课程，要保证学时，给予学分，真正使"三生教育"内容进教材、进课堂、进学生头脑，突出实践活动，这种以生命教育、生存教育、生活教育为素质教育切入点的做法值得肯定和提倡，是一种真正的以培养人为目标的做法。

五、教师应该加强自身的道德修养

任何社会，教师的道德修养都必须高于社会道德的平均水平，如果不能

保证教师具备这样的素养，整个社会的发展伦理必然会走向荒谬。因此，有人说教师比医生从事的工作更危险。庸医害的是一个人，而庸师害的是一群人，毁掉的是几代孩子的精神和心灵。改变教育要从改变师生关系开始。被誉为"江南魏书生"的朱永春老师曾谦虚地说："我不会点金术，我只是一块抹布，抹去蒙在金子上的灰尘！我希望自己的教育能让优秀生感到老师的人格魅力，也能让后进生感到温暖。"我们应当尊重每个孩子受教育的平等权利，不管我们的学生是什么类型、成绩如何、家庭背景怎样，只有让他感受到被关心、被尊重、被欣赏，这样他才能学会去关心他人、尊重他人、欣赏他人。

我们要把课堂作为德育的主渠道，各学科教师都应努力挖掘教材的人文内涵，从生命的高度用动态生成的观点看待课堂，要充分认识到教学的过程不只是一个认知性地掌握知识、发展智慧的过程，更是一个完整的"人"的成长过程。我作为一名音乐教师，要在课堂上充分地让学生感受古今中外经典音乐的魅力，聆听几千年前高山流水遇知音的古琴、贝多芬扼住命运咽喉的命运、江西民歌"哎呀嘞"的风情，当然还有江南浔城春江花月夜的古韵之音。学生真切地感受到音乐的神奇，也陶醉在中华民族的音乐声中。在这一过程中，学生学会了感恩、珍惜友情、助人为乐等珍贵品行，感到家乡不再陌生，祖国不再遥不可及。

吴海芳

六、社会、家庭形成道德教育合力

学生不可能永远生活在课堂上、校园里，学校的德育教育要经受社会大环境的考验，要优化育人环境。在加强校园道德文化建设的同时，积极争取有关部门的支持，充分发挥学校家长委员会、社区、少年宫等的作用，建立完善学校、家庭、社会良性互动的德育教育机制，营造真善美的和谐社会，确保学生能够健康成长。

当今，我国正处于开放的国际环境与多元文化的背景之中，而青少年学生处在世界观、人生观、价值观形成的关键时刻，德育为先更具有必要性和紧迫性。让我们把社会主义核心价值体系融入教育全过程，让考生重新回归为学生，回归为一个大写的"人"。

核心素养下高中音乐教育教与学的策略

江西省九江市第一中学　李梦寒

在素质教育背景下，学生的核心素养培养逐渐成为重点。高中音乐学科的核心素养主要包括审美感知、艺术表现和文化理解三个部分，本文将从构建音乐鉴赏情境、组建音乐兴趣社团、举办音乐文化活动、开展音乐编创活动四个方面，对高中音乐教学中渗透核心素养的策略进行分析，从而全面提升高中生的音乐核心素养，推动音乐教学的发展。

一、构建音乐鉴赏情境，培养学生的审美感知能力

审美感知能力是高中音乐学科核心素养的重要组成部分，只有学生具备审美和感知的能力，他们才能发掘音乐素材中包含的节奏美、韵律美，以及其背后代表的情感美和文化美等。为了将核心素养的理念渗透于音乐教学中，教师可以构建音乐鉴赏情境，让高中生在多重感官形式的引导和刺激下，准确认知音乐素材中蕴含的美，并通过语言表达的形式再现学生的感知思维，以此培养高中生的音乐审美感知能力。具体而言，教师可以根据学生的审美需求以及课程教学的具体内容，选定鉴赏情境的形式和内容，让学生在适宜的情境中获得音乐审美感受，提升感知能力。例如，在人音版高中音乐《音乐鉴赏》的教学中，为了弥补学生民族乐器感知能力不足、审美素养不高的缺陷，教师可以将《鼓乐铿锵》这一节的内容作为构建鉴赏情境的主要素材，并以此为基础，在互联网平台收集资源，在课堂中通过多媒体设备为学生创设鉴赏情境，让学生在欣赏民族鼓乐和评价音乐素材的过程中，不断提高自己的审美感知能力。

二、组建音乐兴趣社团，培养学生的艺术表现能力

艺术表现能力也是音乐学科核心素养的重要构成内容，同时它也是影响学生艺术修养和文化感知力的重要因素，对学生的多元化发展具有比较重要的作用。为了发挥高中音乐教学的价值和作用，培养高中生的艺术表现能力，教师可以组建音乐兴趣社团，让学生能够依据自己的兴趣倾向选择集体组织，并在集中的时间和空间内不断提升自己的音乐表现能力，以此来培养他们音乐学科的核心素养。具体而言，教师可以对学生的音乐兴趣和爱好进行问卷调查，待调查结束后，将他们的兴趣进行分类和整理，并依据归纳结果组建不同的音乐社团，选定音乐素养高、参与积极性强的学生作为社团负责人，从而保证社团组织能够成为音乐教学的有效形式。例如，在人音版的音乐教学中，教师可以根据学生的兴趣组建"舞蹈音乐社团""戏剧音乐社团""合唱团""乐器演奏团""音乐编创团"五种社团，让拥有不同兴趣爱好的学生能加入对应的组织中，从而让他们从兴趣出发，充分调动自己的音乐表现能力。

三、举办音乐文化活动，培养学生的文化理解能力

音乐作为一门典型的人文艺术学科，在它的教学内容中包含着丰富的文化元素，高中音乐学科的核心素养中也包括文化理解能力。在渗透核心素养的音乐教学中，为了培养高中生的文化理解能力，教师可以在教学过程中举办音乐文化活动，让学生充分了解音乐背后的文化知识，从而深化他们对音乐形式和内容的理解。具体来说，教师可以深入挖掘音乐素材背后的文化知识，诸如音乐家的生平经历、音乐的社会创作背景、音乐的独特文化元素等，然后集合同一文化元素开展专题文化活动，让学生在音乐文化活动中增强自己的文化理解能力，以此达成培养高中生音乐核心素养的目的。例如，在《音乐鉴赏》的教学中，为了培养学生的传统文化理解能力，教师可以将《国之瑰宝——京剧》这一单元的内容作为开展文化活动的依据，以经典京剧作品《空城计》《霸王别姬》等为素材，通过广泛查阅文化背景资料了解京剧创作背后所蕴含的文化元素，让学生在文化活动中积累传统文化知识、提升文化理解能力。

四、开展音乐编创活动，培养学生的音乐创新能力

创新能力是学生在学习和生活中必不可少的一种能力与素养，也是形成学科素养的基础和前提，只有具备创新的思维和能力，他们才能以全新的眼光看待音乐教学和学习，并利用创新化的学习模式开展学习活动。为了融入核心素养的教育理念，培养高中生的音乐创新能力，教师应该积极开展音乐编创活动，让学生能够将自己学习和掌握的音乐基础知识运用到创作音乐作品中，从而在编创的过程中进一步发展他们的表现能力、感知能力等核心素养。例如，在《音乐编创》第五单元"歌词"的教学中，为了增强高中生的创新能力，教师可以开展歌词创作活动，给定学生一段带有节奏和韵律的乐谱，让他们进行填词训练，创作出适应乐谱特征的歌词，提升他们的音乐表现能力和创新能力。

参考文献

［1］柴晓霞.高中音乐教学中核心素养渗透策略［J］.中学课程辅导（教学研究），2020，14（32）：140.

［2］王倩.浅谈核心素养下的高中音乐教学策略［J］.中学课程辅导（教学研究），2020，14（12）：16.

［3］梁连清.基于核心素养背景下高中音乐教学方法探讨［J］.考试周刊，2020（15）：155–156.

浅谈导入环节在高中音乐课堂的运用

——以人教版高中音乐鉴赏教材为例

江西省九江市第一中学　田若萌

本文以高中音乐课为主体，结合我在九江一中的音乐教学经验，探讨了高中音乐课的导入环节。通过列举具体实例，本文给出了不同音乐风格的导入原则和导入方法。

一、导语

音乐是人类重要的情感艺术之一，是人们抒发感情、表达意志与排解压力的有效手段。普通高中开设音乐鉴赏艺术课程便是希望开发高中生的音乐兴趣，提高其鉴赏能力水平。在这个教学环节中，音乐教师起到了十分重要的作用，既要有效地组织课堂教学，又要深入浅出地引导学生欣赏音乐。一节成功的音乐课需要良好的课堂导入法，那么究竟有哪些实用的课堂导入法呢？

在每一堂课中，导入新课需要 5~8 分钟，在这么短的时间内，既不能超越学生的认知，又要有效导入新课内容，这本身就是一门艺术。我们可以通过一些示例进行说明，例如，高中音乐教材主要以音乐文化为主线，文化内涵包括中国民间音乐、中国创作音乐、亚非拉美欧民间音乐和西方专业创作四个音乐风格，这种构成方式体现了一种多元化，这就要求我们的导入也要以多元化的方式进行。

二、实例分析

（一）通过聆听不同风格的歌曲导入

如《独特的民族风》这一课，导入时可以选几首风格鲜明的不同少数民族的歌曲。我们的新授课程主要是三个民族——蒙古族、藏族和新疆维吾尔族。简单聆听歌曲后，让学生猜一猜是什么民族的，让学生怀着好奇的心理进入课堂。

（二）通过扮演角色朗读台词导入

如《艺术歌曲的成熟——舒伯特的歌曲》一课，艺术歌曲的歌词多是名家诗作，舒伯特的代表作《魔王》是德国文学家歌德的一首叙事诗，整首歌曲采用谱歌的创作手法，曲中通过不同的旋律音调，让学生分角色朗读叙事者、父亲、孩子和魔王，这样的导入方法会让学生很有兴趣，在进入新课时，能让学生理解歌词和每个角色的旋律。

（三）通过讲解同时期流派导入

如《一个人的流派——德彪西》属于印象主义音乐，它产生于19世纪末，是受印象主义绘画的影响而出现的一种音乐流派。这种风格的音乐具有浓厚的超现实主义色彩，以完全抽象的旋律作为其重要标志，这也是它与古典主义时期严谨规整风格存在的主要区别。

由于该风格音乐不直接描绘实际生活的图画，因此可以先通过幻灯片展示莫奈的印象派代表画作《睡莲》，引导学生了解画作渲染的神秘朦胧、若隐若现的色调，通过画作的导入，让学生对印象主义风格产生初步感知，尽快将学生拉入印象派的缥缈意境。此时，当音乐响起时，学生已经完全领悟到这个流派的音乐对其视觉和听觉的感染与包容，这有利于教师进一步阐述该种音乐的构成形式和表现手法，用美学的角度理解印象派音乐的特殊风格。

（四）通过创设情境故事导入

如《高山流水志家国》，课前先播放古琴的音乐，创设古代音乐的艺术氛围，和学生用谈话的方式聊一聊伯牙与子期的知音故事。然后，设问古琴为什么是八音之首，为什么可以"贯众乐之长，统大雅之尊"？这样让学生对中国古代的乐器产生好奇和兴趣，便可以自然地导入对古琴的研究和学习。

（五）通过演唱熟悉的旋律导入

如《划时代的音乐大师——贝多芬》，教师示范演奏《欢乐颂》的主题旋律，学生在小学阶段学过这个旋律，很容易跟唱。贝多芬是维也纳古典主义乐派最重要的代表人物之一，不仅构成了18世纪与19世纪之交的欧洲音乐文化的高峰，对后世也有着深远影响，理解他的作品中自由、博爱、平等集大成的音乐精神更要深入浅出，这种导入法对学习贝多芬的作品风格有很大作用。

（六）通过流行歌曲导入

如《经典流行音乐——爵士乐》，导入新课时，让学生先说一说自己喜欢的流行音乐类型有哪些，如摇滚乐、民谣、乡村音乐、蓝调、爵士乐等，教师播放几首典型的不同风格的流行音乐，让学生通过游戏的方式找出爵士乐，让学生分组用几个词来概括不同风格的音乐的特点，然后教师自然地导入新课爵士乐。

三、结语

音乐教育是美育的重要组成部分，其对人的影响是最直接、最动人心扉的。俗话说，"万事开头难""良好的开端是成功的一半"，不管教师花费多少力气给学生解释掌握知识的意义，如果教学工作安排得不能激起学生对知识的渴求，那么这些解释仍将落空。精心设计的导入环节直接关系到学生的求知欲、学习兴趣，以及学习的主动性，并且能引导学生参与音乐情感的交流，燃起学生对音乐的审美渴望，更能使一堂课的教学达到事半功倍的效果。综上，在这个感性素质异常重要的新时代，音乐课对培养学生的审美能力、情感态度、多元的价值观有着特殊的地位和价值，这要求我们音乐教师这个群体要认真上好每一节音乐课，认真对待每一节课的导入环节。

参考文献

左言宝.大爱与忘我乃教育之本：《平民音乐教育家费承铿释传》读后
[J].当代音乐，2016（10）.

老年大学声乐教学点滴感悟

江西省九江市第七中学　吴海芳

九江市老年大学创建于 1988 年，建校三十多年来，教学规模从最初的 3 个班发展到现在的 122 个班级，开设了"琴棋书画、歌舞曲艺"30 多个专业，学员突破 5000 人。由于教学管理规范、社会声誉良好，九江市老年大学被授予首批"全国老年大学示范校"称号。

2017 年 8 月底，在九江市老年大学召开了新聘任教师座谈会，九江市老年大学校长、市政协前主席程来安为我们 2017 级新聘任的教师颁发聘书。新聘教师中有来自九江市文艺界名家，如中国孔子基金会学术委员会委员、上海交通大学等客座教授蔡厚淳，现九江市非物质文化遗产专家组成员、前九江学院艺术学院书记、院长龚晓天，等等，可以说是大家云集。能与这些前辈一起从事这份社会公益活动，我倍感荣幸。

时光荏苒，从 2017 年 9 月被九江市老年大学聘为 2017 声乐班授课教师至今已经接近四年，市老年大学授课学制为一年制。我声乐班第一年的学员为 100 余人。虽然学员们大部分是各行各业的退休职工，但从这些学员刻苦求学的身影中，从他们银发鹤颜的开朗歌声中，可以感受到他们对歌唱的执着与渴望。当然教学相长，学员们也给了我非常多的人生感悟，在此要感谢我的 2017—2021 年四届声乐班学员对我声乐教学工作的支持和肯定。

歌唱是音乐表演中的一个重要门类，因其入门门槛低、不需要购买乐器，只要能说话就能学习声乐，深受老年朋友们的喜爱。老年大学声乐班是以声乐培训指导为主要手段，通过专业教师授课与学员自我训练相结合的方式，让爱好声乐的老年朋友树立正确的声乐表演意识，提高学员的音乐综合素质，从而提高学员的演唱水平，促进老年人身心健康，继承和发扬民族声乐的优秀传统。

在我的声乐班里，学员年龄跨度比较大（1941—1967 年），男女比例严重失调（前后 200 多名学员中，男性只占不到 10% 的比例），学员音乐素养高低不同，学历差别大，嗓音条件不同，来老年大学学习的目的与要求也不尽相同。这些学情都给声乐教学带来了许多现实的困难。尽管如此，但是看到课堂上学员们一双双求学的眼睛，我意识到这是对我的专业素质和教学能力提出了新的要求，应该迎难而上，因此我首先对学员的音乐素养基础进行调查，了解学员入学前的音乐底子，以便于更好地因材施教。经过调查了解到，学员们绝大部分不识谱，声乐演唱知识匮乏。但是他们都有热爱生活、想唱好歌曲的强烈愿望。

因此，我首先召集班委，共同商议由班干联系九江市新华书店工作人员，每位学员自愿购买一本《简谱视唱》，在班干唐莉同学的联系下，新华书店的工作人员送书到老年大学声乐班授课教室。

每节课，我都会讲解基本乐理知识，并教唱几条简谱视唱。学习掌握歌唱语言的基本知识、了解正确的歌唱方法，并掌握课后如何进行自我歌唱训练是声乐班重要的学习内容。声乐教学时，我采取基础声乐理论与实际演唱作品相结合的方式，让学员在实际演唱作品的同时，逐步掌握识谱视唱、正确的发声方法以及气息练习的方法。

歌曲教学环节以教唱歌曲为中心环节，通过教歌、学唱、演唱、交流，有机地结合贯穿基本技能训练和讲授声乐基本知识，学员在技能和知识的掌握上由点滴积累逐步走向比较系统完整。我也把自己歌唱发声的感受、体验以及歌唱的经验和方法通过通俗、形象的教学语言传递给学员，让他们尽可能理解并模仿着歌唱，让学员们轻松掌握发声练习的要诀。除此之外，我还鼓励学员们勇敢当堂练习，其他学员听后进行客观点评纠正错误，引导他们逐步调整，找到正确的歌唱方法。我的语言尽量精练而准确形象，尽量顾及学员的认知能力，俗话说，"当局者迷，旁观者清"，学员们通过这样的活动锻炼了演唱胆量及分析歌唱表演的能力，与此同时，也活跃了课堂气氛，可谓一举多得。

在声乐教学中，通过让学生反复地听赏歌曲，可以增强学生对歌曲旋律的感知、记忆。在听赏歌曲的过程中，还能够充分发挥学生学习的主观能动性，让学生根据自己的思维特点来表述自己对歌曲的理解和认识。这样，通过声乐作品听赏训练提高学员声乐技巧的能力。中国歌曲的语言特点要求我们在歌唱之前要做好"字正腔圆"，歌唱语言的准确掌握与运用是歌唱技术不可或缺的训练环节。在唱歌之前，我会让大家齐声朗读歌词，不认识的字词一定要查阅资料弄清楚。

声乐演唱是一门舞台艺术，声乐演出实践可以提高学员的演唱技能，促使教师发现并解决教学中的问题，两者相辅相成。每堂课，我都会拿出半小时给学员们上台展示。刚开始，学员们由于各种原因不敢上台，我便告诉大家声乐技巧上的问题应该说是比较好解决的，熟能生巧，勤学苦练即可以很快地得到解决，关键是声乐舞台经验和舞台心理素质的问题，必须通过多次舞台演出实践才能更好地得以解决。我用激励的话语鼓动大家上台，并且要求班干带头。现在每节课上台的学员是争先恐后，已经形成了课堂上一道亮丽的风景线。学员吴木兰发微信给我："吴老师，我是一个爱唱歌但是十分胆小内向的人，听了你的生动教学，我也慢慢改变了不敢发言、上台演唱的习惯，是歌唱改变了我封闭的内心世界，我要多走出去与大家交流，用歌唱赞美丰富的退休生活，谢谢您的不辞辛劳。"

老年大学声乐课是每周一个半天，为了巩固学习内容，加强学员们的演唱交流，班委们还经常组织 AA 制 K 歌活动。我们还充分利用班级微信群，大家都把好的声乐教学资料发在班级微信群里。由于每节课都会有学员由于各种各样的原因请假，学员便将我上课的视频及同学们上课的演唱状态录制下来并发送到微信群里，学员们可在课后反复观看，及时纠正演唱中的不足。

在迎接 2018 年元旦文艺会演中，我班表演了二声部合唱《天边》，学员们积极报名参加，班干更是为购买演出服、化妆等事宜集思广益。在大家的齐心协力下，我们顺利完成了演出。在 2018 年学员结业汇报表演中，我班展示了四声部合唱《半个月亮爬上来》，向老年大学的校领导展示我们声乐班的学员风采。另外，班委们还精心组织了迎元旦班级联欢晚会，学员们表演了独唱、男女对唱、小组唱、红歌联唱等丰富多彩的文艺节目。由于声乐教学工作突出，我多次被九江市老年大学评为"优秀教师"。

2019 年恰逢中华人民共和国成立 70 周年华诞，为讴歌爱国情怀，丰富活跃老年大学学员们的文化生活，展示其精神面貌与学习风采，国庆前夕，市老年大学联合市广播电视台、市日报社等新闻媒体在市中心四码头广场举办了"庆国庆千人快闪"文化活动，我带领声乐班学员们认真排练，特别是对《我和我的祖国》《歌唱祖国》两首歌曲做到了人人能背词演唱，仔细研究两首作品歌谱上的音乐术语，从音准、节奏、歌词、力度等音乐要素入手，并讲解音乐作品的创作背景及演唱处理。课堂上，我们一遍遍练习、一遍遍模拟。尽管天气炎热，但是丝毫不影响学员们歌唱幸福生活的热情。学员们纷纷表示，他们很多人是共和国的同龄人，生在新中国，长在红旗下，70年来，我们的祖国发生了翻天覆地、日新月异的变化，他们是社会主义的建设者，也是新时代幸福晚年生活的见证者。正式演出那天，学员们穿上最靓丽的服装，按照统一安排走在方阵中，手中挥动着鲜艳的小红旗。当音乐响起，现场近千名学员异口同声："我和我的祖国，一刻也不能分割……"现场许多花甲老人都激情澎湃、热泪盈眶，亲身参与其中的我也深受感染，让我们歌唱吧，祝福人民生活更加幸福、祖国更加繁荣富强！

2020年春节，突如其来的一场疫情给我们的生活和教学带来诸多不便，但是这丝毫阻挡不了学员们热爱歌唱的激情。我们通过班级微信群发布声乐演唱的相关练声曲、声乐教育家的精彩讲座、全国优秀声乐比赛视频等，学员们在家积极参与练习，并将各自的演唱音视频等上传到微信群，有的学员还积极分享优秀声乐艺术家演唱资料，大家互通有无、交流切磋。我们还积极响应参与市老年大学的捐款号召，为全民抗击疫情贡献一点光和热。

2021年是中国共产党成立100周年，市老年大学积极筹备九江市首届老年艺术节系列活动，我十分荣幸参与到开幕式大型情景节目《国际歌》编导小组中，本次开幕式共四个篇章，分别是龙腾虎跃、百年征程、老年风采、走向复兴。参与开幕式表演的有市老年大学近40个教学班2000名学员。《国际歌》是第二篇章的第一个节目，涉及的演唱阵容庞大，以老年大学学员人数最多的各声乐班为主，另加入情景表演的语言表演班等。授课时，我从《国际歌》的创作背景讲起，概括介绍中国共产党百年党史，并邀请班级里的党员们回顾自己的入党史，讲述身边的优秀党员事迹等。学员们逐渐加深了对歌曲的理解，对中国共产党百年征程更加领悟。虽然从市老年艺术节开幕式筹备启动到最后顺利演出前前后后长达十个月之久，由于疫情防控形势变化，教学虽然经历了由线下到线上再到线下，排练从课堂到和中广场演出场地的变化，但学员们参与的激情丝毫不减。

2021年12月4日上午晴空万里，由市委宣传部、市委老干部局、市文广新旅局主办，市老年大学、市广播电视台等承办的市首届老年艺术节开幕式隆重举行，九江市委常委、宣传部部长孙金淼莅临会场并宣布开幕。开幕式在《龙腾虎跃》中拉开帷幕，顿时，锣鼓齐鸣、彩旗飘扬、巨龙腾飞、雄狮翻越，台上台下热情高涨。随着稚嫩的童声唱起"起来，不愿做奴隶的人们"，我带领声乐班学员迈着坚定的步伐从舞台侧面边唱边走向舞台中央，我们好似看到了无数革命先烈、一代代中国共产党人为了革命理想、为了幸福的明天，不惧险阻、浴血奋斗的身影，我作为一名有将近十年党龄的共产党员，能参与到这样的活动之中，真是倍感激动与自豪。参与演出的学员们也纷纷表示，"生逢盛世，何其有幸，生活在党的阳光下，幸福快乐"，此次开幕式的精彩演出博得现场观众阵阵掌声，开幕式现场还有百米书画长卷笔会活动及百人摄影采风，共同为党的百年华诞献礼。此外，九江12个县（市、区）老年大学也在各地举办了文艺演出及书画摄影展活动，我还有幸担任了都昌县老年大学庆祝中国共产党成立百年暨建校十周年文艺演出评委，17个合唱、器乐合奏、舞蹈、情景剧表演等节目精心编排，演出在都昌县东湖露天广场，学员们优美的歌声、曼妙的舞姿、悦耳动听的丝弦之音吸引了周边众多群众驻足观看，充分表达了老百姓对中国共产党的爱戴之情。元旦前夕，班委们组织了迎新年暨毕业班级联欢会，由于疫情等特殊原因，本班学员有2017—2021级共五届学员，虽然大家年龄不同、来自不同的家庭，但由于热爱歌唱而有缘相聚在我的声乐课堂，大家载歌载舞歌颂祖国、歌唱生活。其中学员钱显保热情洋溢地发表了毕业感言，他说明年他80岁了，不能前来上课，十分不舍，但是他一定会继续练习歌唱，他还为我写了一首藏头诗："吴越追梦育李桃，海志声乐业绩超，芳华正茂德智美，名扬赣鄱华夏骄！"

2021年12月28日，庆祝九江市首届老年艺术节表彰活动隆重举行，副市长杜少华出席并讲话指出首届老年艺术节以庆祝建党百年华诞为主题，节目精彩纷呈，表达了全市老年人感党恩、跟党走的炽热情怀，是市老年教育丰硕成果和新时代老年人精神风貌的生动展示，他希望全社会营造尊老敬老的浓厚社会风气。我作为市老年大学声乐教学岗位的一名新兵，在今后的老年大学声乐教学工作中，会不断努力探索，不断完善改进教学方法，充分发挥出自身的专业学识，让我的老年学员们在我的课堂上开心而来、满意而归，收获歌唱的快乐，为市老年大学声乐教学的发展，为老年朋友们快乐地歌唱，为他们度过幸福的晚年生活贡献光与热。

吴海芳与声乐班学员参加市老年大学庆祝
中华人民共和国成立70周年快闪活动

音乐教学情境的创设与运用

江西省九江市第七中学　吴海芳

在信息技术高速发展的今天，现代教育技术扩展了音乐教学的容量，丰富了教学手段和教学资源，在音乐教育中有着广阔的应用前景，我们利用其视听结合、形象性强、信息量大、资源宽广等优点为教学服务，提高了音乐课的教学质量。在教学中创设能促进学生积极参与的课堂教学情境，培养学生的学习兴趣已成为提高课堂教学效果的重要手段。

一、激发音乐审美兴趣

音乐是和人的生命关系最为密切的一种艺术形式。音乐教育可以使儿童体验快乐，培养兴趣，发展儿童的情感、美感，还可以发展儿童的感知觉，为其今后的健康生活及终身的艺术学习培植动力、奠定基础。小学中低段儿童正处于各种感官发育迅速的时期。这个时期的音乐学习都是通过多种感官来体验音乐要素，通过体验形成经验的。皮亚杰说过："所有智力方面的工作都要依赖于兴趣。"教育实践证明，兴趣是学习音乐的动力，只有创设一种最佳的学习情境，才能激发学生的学习热情，从而自主参与到学习中来。如赵雪瑜老师执教人教版三年级上册欣赏课《鸟店》，教师在课前播放《鸟店》的第二部分，伴随着欢快活泼的情绪，教师带领学生模仿小鸟的飞翔动作进入教室，师生共同创编各种飞翔的动作，学生既可以模仿教师的动作，也可以自己设计动作，比一比谁表演得最好，一下子就拉近了学生与作品的距离。

创设音乐教学情境的目的是培养学生良好的审美心境，唤起学生的音乐审美注意。该情境用于音乐教学的起始阶段和结束阶段，可娱悦审美环境，唤起审美注意，激发审美渴望；用于教学过程的各环节和教学内容的连接，能承上启下，培育新的审美心境，唤起新的审美注意和审美渴望；用于教学内容之中，则会使原有的审美要素更加丰富多彩，产生更强烈的审美效应。

通过日常教学发现，特别是在小学音乐的听赏教学中，信息技术与媒体资源辅助音乐课程的优势更为明显。例如，人教版音乐教材四年级下册《凯皮拉的小火车》，通过 PPT 课件的展示，学生能够直观地感受到作曲家是如何用不同的乐器及节奏表现巴西乡间的小火车从启动到进站的声音变化形象，并引导学生从意识形态到动作表现始终抓住巴西民歌这一主题。

音乐是抽象的，要把深奥难懂的音乐知识具象化，音乐教师应设计与乐曲表现内容相适应的教学情境，营造愉悦的音乐教学氛围，吸引学生兴致勃勃地参与音乐活动，从而受到美的熏陶，获得美的享受。

传统的音乐欣赏教学中，学生对单一的听教师演奏（唱）或听录音磁带感到枯燥、单调，这样往往使学生在欣赏音乐时显得很被动，注意力也容易分散。而充满美感的 MIDI 音乐、文字、图片、动画、影像等多媒体综合信息则能自然地调动起学生欣赏音乐的积极性、主动性，学生会在教师的引导下主动去感受音乐的力度、速度、情绪，学生在欣赏优美的画面和 MIDI 音乐的同时，脑海里产生种种生动的想象，好像身临其境一般，激发了强烈的音乐表现欲和创造欲。

小学生尤其中低年级学生，对故事、童话、动物非常感兴趣，教师可以把教材中的内容编成童话、小故事，使学生身处拟人化的世界。这样不但增强了课堂的趣味性，而且能够有效地调动学生的学习积极性，使学生全身心地投入音乐教学中。例如，小学人音版二年级下册唱歌教学《春天来了》，在新课导入环节，教师将春雨、蛤蟆叫声、鸟鸣、流水声融入歌曲伴奏的背景音乐中，结合音乐，用讲故事的方式增强学生对音乐的理解，强化了中低年级学生的想象力，在培养学生学习音乐的兴趣上起到了积极的作用。

二、引导学生大胆想象

说到想象力，我们都知道儿童的想象力是无穷无尽的。亚里士多德就指出："想象力是发现、发明一切创造活动的源泉。"教师在音乐活动中要善于挖掘学生的想象力，鼓励他们大胆想象，独立思考。

例如，田若萌老师在执教高一《音乐鉴赏》（人音版）2004 版第十二单元《传统风格体裁的解体——现代主义音乐的新趋向》这一课时，首先让学生欣赏无声电影（《千与千寻》片段），教师再即兴演奏两首风格迥异的钢琴曲，请学生根据个人理解为前面的无声电影选择配乐，通过此环节，让学生初步感受到传统音乐风格和现代主义音乐风格。在这里，教师并没有过多地强调画面与音乐的同步，就是希望学生观看电影情节后，能静下心来细细地品味音乐，发散思维，大胆想象。学生在听赏的过程中要很专注，否则很难正确选择音乐。

信息技术的运用必须因地制宜，恰如其分。在一定程度上，信息技术的运用能增加教学容量，提高教学效率，如果教学中媒体资源过于丰富，也会形成喧宾夺主的局面，违背音乐学科是

吴海芳观摩 2019 年九江市新年音乐会

听觉的艺术这个特征，这时还不如让学生闭上眼睛，仔细聆听音乐，体会音乐情绪来得更真切。教师要恰如其分地运用信息技术与媒体资源为音乐课堂创设欣赏意境。

三、引导学生主动参与

在音乐课堂教学中，教师要积极开发音乐课程资源，把多媒体资源与教材内容相结合，设计参与活动的情境，让学生动起来，将被动地、机械地接受知识转变为主动参与。例如，罗莹老师执教的高二《音乐鉴赏》（人音版）2004 版第十二单元《月光》，对比欣赏贝多芬的《月光奏鸣曲》后，课件营造了月光意境，让学生用自己的方式感受德彪西的《月光》，学生根据音乐即兴

表演和创作绘画、诗朗诵、舞蹈等。

　　教师有效地引导学生主动参与音乐活动。特别是最后的小组展示环节中，学生能大胆、自信地参与乐曲的表现，学生的情感世界受到感染和熏陶，进而会对美好的未来充满向往与追求。

"音"为有你，共同成长

江西省九江市第七中学　吴海芳

一、问题的提出

2020 年 10 月 16 日，教育部召开了《关于全面加强和改进新时代学校美育工作的意见》新闻发布会，会上从全面培养人的角度对美育提出了明确要求，并对美育评价体系建设给出了清晰的线路图与时间表，一石激起千层浪，许多家长担心是不是又要给学生补报音乐培训班？学生、家长的负担是不是更重？

此前，众所周知，家长要将大量资金投入音乐培训机构。文件提出学校要加强美育工作，开齐、开足、开好美育课程，加强学校美育教师队伍建设与场地器材设施建设。这恰恰改变了之前必须通过社会购买才能获得美育教育的情况，让更多学生有了接受和享受更高质量的美育教育的机会。

强国必先强教，强教必先强师。《国家中长期教育改革和发展规划纲要（2010—2020 年）》将加强教师队伍建设作为纲要实施的重要保障措施，提出了建设高素质、专业化教师队伍的战略任务。学生音乐核心素养和创美能力培养的根本前提是音乐教师美育素养的提速与提质。如何落实新时代国家对美育师资新要求，促进音乐教师专业化发展是摆在每一位音乐教师面前的课题。

目前，音乐学科由于缺少必要的考试、考核制度，存在着教师教好教坏一个样、学生学好学坏一个样的问题，很少有人过问教学质量优劣。看了以上这样的音乐教育现状，不禁令人担忧起来，但是音乐学科作为美育、素质教育不可分割的组成部分，在培养学生健康的审美情趣、高尚人格、艺术气质、与人和谐交往方面起着不可估量的作用。

如何提高现有音乐教师的素质，特别是一些落后地区的农村音乐教师的素质，也是我国艺术教育领域目前应该解决好的问题，没有好的艺术教师，便难有真正的艺术教育。

二、快速定位，做好学员职业规划

成立名师工作室的出发点和归宿都是"人才强教"，向社会提供优质的教育服务。通过有效的管理措施，汇聚名师资源，发挥辐射作用，加快教育事业发展，2011 年，江西省启动了名师培养工程，"名师工作室"作为名师培养工程的重要组成部分，为基层中小学师资队伍建设和骨干教师的培训与提升等方面搭建了很好的平台，并在名师资源辐射、推动区域教育均衡发展方面产生了积极影响。

2011 年，乐在其中音乐工作室十分荣幸地被江西省教育厅首批认定为江西省中小学名师网络研修工作室之一。我们整合了省、市教科所音乐教研资源，聘请了首都师范大学音乐教育专家郑莉教授、江西省教研室音乐教研员杨文立老师、九江市教科所音乐教研员黄晓葵老师为顾问。工作室名称构思来源于我工作的学校雕塑，该雕塑是由一把抽象的胡琴和五块调色板组成，基座上书四个大字"乐在其中"。我希望工作室的成员在这片音乐教学园地里收获成长、收获快乐。

工作室的定位及目标是充分发挥名师在课堂教学、课改实验、课题研究、师资培养等方面的示范、指导、引领作用，一方面从提高工作室成员教学能力、学术研究能力和学术修养几个层面入手，促进每一位成员成长；另一方面帮助江西省中小学音乐教师解决教与学过程中遇到的问题并开展教育教学重点问题的研究，努力使之成为音乐教师交流思想、智慧互动的平台，实现优质教育资源的共享。

首先，我们建立和完善了工作室各种管理制度。工作室确立了总体规划，明确了本工作室的研究方向、工作目标，统一认识。根据工作室规划，每个学员都做出了个人专业发展规划。工作室成员每人每学年至少阅读一本理论专著，至少撰写一篇专题研究论文和案例，工作室成员间的听课研究活动不少于 5 节，至少有 1 篇论文在区级及以上获奖或在市级及以上报纸杂志发表。

其次，要扎根课堂，发挥辐射。"课堂"是教师的主"阵地"，离开了课堂，一切研究与学习对于一名教师来说都成了空话。最后，利用博客，资源共享。自工作室成立以来，我们注册了"乐在其中音乐名师工作室"博客，博客分为"学员风采""音乐鉴赏教案""理论学习""工作室活动""备课资料""教育感言"等专题栏目。博客的成立拓宽了工作室成员的交流渠道，也为本工作室与外界交流搭建了桥梁。

工作室成员在承担远程研修任务中都得到了迅速发展，纷纷成长为学校艺术教育骨干力量。学员上传研修文章 7274 多篇，内容积分 20028，发帖回帖 1000 多次。正如学员所说："远程培训，点燃了我们教育理想的火把，催我们前行，激励我们在教育这片沃土生根发芽，远程研修给我们的教育教学生活带来勃勃生机。"2013 年我工作室荣获江西省教育厅颁发的教师全员远程培训网络研修工作室优秀指导教师荣誉。工作室的历练使我的教育教学能力快速提升，工作室成员也通过外视与内省，理性或是感性地对音乐教学成长史及现状进行回顾、总结与分析，进而实现新的自我超越。

随着教育改革的不断深入，当前中小学音乐教育迫切需要培养一批有专业能力、教学智慧、创新见地的音乐教师。众所周知，音乐教师的素养水平制约着音乐教育的发展，只有具有丰厚的音乐素养、人文素养与审美创造力的高素质音乐教师，才能给学生插上音乐想象力与创新力的翅膀。2019 年 7月，我十分荣幸成为九江市首届中小学名师工作室十位领衔人之一，本音乐名师工作室创立之初，就引导成员定期梳理自己：我的长处在哪里？我的短板在哪里？三年内，我利用优势准备达到什么样的目标？为达到这个目标，我要怎样做？我需要名师工作室平台提供什么样的帮助？旨在通过整合资源、搭建平台，让每个成员扬长避短、尽展才华。

三、"走出去、请进来"，加快学员内涵式发展

我们特别邀请江西省音乐教研员杨文立老师为本工作室开设了《高中音乐教师专业发展漫谈》专题讲座，使大家走出了议题式音乐教学的误区，正确掌握了议题式音乐教学的教学策略，鼓励成员们积极开展音乐课程试验改革，深化基础音乐教育教学，促进成员们美育内涵式发展。工作室还借助省、市教研室音乐教研员开展了一系列音乐教师师资培训资源、竞赛活动，鼓励

学员踊跃参与。

工作室积极创造条件让成员们走出去参加市、省乃至全国大型音乐教育教学活动，动员工作室成员在理论学习与实践观摩修炼中凝练思想、撰写心得和教学反思等，参加教学论文评选及报纸杂志投稿，并发挥网络教研作用，开设了"音乐名师工作室"微信公众号，借助交流互动、工作简报、近期热点等栏目，大力宣传成员们在音乐教学成长中所取得的成绩，搭建了成员们音乐教育教学论文交流、教学心得体会交流的平台，促进了成员们互动交流、优势互补。

四、以研促教，提升学员科研能力

在核心素养全面推行的今天，任何一种课堂教学改革最终要落实到教学评价上，它是考查学生学习成效的重要渠道，是监督和提升教学质量的重要手段。对于不参加中、高考的音乐学科，更要尽快建立起科学客观的音乐核心素养评价体系，扭转不科学的"五唯"教育评价导向，达到"以评促学、以评促教、以评促校"，最终达到"立德树人"教育之根本。基于以上认识，2017 年 5 月，我们向省教科所课题办申请该课题，于 7 月正式通过江西省教育科学"十三五"规划课题学科带头人专项重点课题"中学生音乐核心素养评价研究"立项（编号为：17ZXZD004），我们提出本课题的研究，力求探寻适合中学生音乐核心素养发展的评价标准，努力挖掘音乐学科特有的人文内涵，从关注教师的教学行为评价过渡到对学生学的过程评价，让学生的自主音乐需要、音乐实践能力、音乐情感体验、音乐文化理解落实到位，最终彰显音乐学科以美育人的价值。湖南师范大学美育发展研究中心郭声健教授说得好，如果"通过艺术素质测评把学生考趴下，考得没有脾气和丧失自信，考得担惊受怕、忧心忡忡，考得让学生为了应考而学习，那是绝对不行的，那样做导致的结果就是活生生、眼睁睁地葬送艺术教育。唯有通过测评，增进学生的自信心，满足学生的表现欲，让学生体验到成就感，让学生感到快乐愉悦，才能达成推进学校艺术教育、提高学生艺术素养的目标"。只有制定了明确的目标，方法才可能寻标而生。

首先，课题组充分认识到音乐测评在学科教育中的重要作用，以及评价在教育教学中的重要地位。其次，全面动员，营造氛围，要落实贯彻教育部

《中小学生艺术素质测评办法》，推进我校音乐测评工作。2020年9月，我主持的江西省"十三五"规划课题"中学生音乐核心素养评价研究"顺利结题。除此之外，工作室学员也纷纷主持或参与课题研究。

五、资源共享，做好工作室示范辐射

2020年12月5日，全国基础教育音乐名师工作室联盟（以下简称"联盟"）成立仪式在浙江音乐学院音乐教育学院隆重举行，本次活动由湖南师范大学郭声健教授倡议发起，浙江音乐学院主办，浙江音乐学院音乐教育学院、浙江音乐学院高等音乐教育研究所承办，《中小学音乐教育》杂志、湖南文艺出版社协办。我有幸通过前期遴选，在浙江音乐学院音乐教育学院崔学荣教授主持的分会场做了主题为《向美同行，乐在其中——音乐名师工作室的建设与思考初探》的专题讲座，分别从九江市第七中学美育建设、本工作室团队教师培养策略以及工作室成立几年来取得的成果等方面进行演讲。此次联盟的成立是在国家层面提出美育师资新要求的背景下，首次打破高等音乐教育与基础音乐教育间的壁垒，交流沟通，共享融合，此创举必定会加强高等音乐教育与全国各地音乐名师工作室之间的合作，最大限度地发挥高校音乐教育资源及音乐名师工作室主持人的带动、引领、辐射作用，推进优质音乐教育资源共发共享。

六、名师工作室发展困惑

虽然我们取得了一些成绩，但是在名师工作室发展的道路上依然有许多困惑；通过参与联盟论坛活动，感受到区域间音乐师资教育资源不均衡，需要更顶层的政策支持，工作室发展也有局限性与职业瓶颈，需要相关方面资源引导，促使本名师工作室不断成长。

俗话说，"独行速，众行远"，我们共同经历了春的播种、夏的耕耘、秋的收获、冬的蕴藏。虽然三年时光转瞬即逝，但是我相信这三年共同的难忘成长经历一定会深深铭记在我们心田。"音"为有你，共同成长，我们永远在路上……

工作室全体成员合影

我们的课题研究

中学生音乐核心素养评价研究
存在的问题及对策

江西省九江市第七中学　吴海芳

　　不参加中、高考的音乐学科如何建立起科学客观的音乐核心素养评价体系，扭转不科学的"五唯"教育评价导向，最终达到"立德树人"教育之根本？本文主要针对以上问题提出改革方法及对策［该成果是 2017 年度江西省教育科学"十三五"规划课题学科带头人专项重点课题"中学生音乐核心素养评价研究"（编号为：17ZXZD004）的阶段性研究成果］。

一、课题研究背景

　　众所周知，教学评价是一种在收集信息的基础上依据一定标准对教学系统教学价值判断的活动。它是考查学生学习成效的重要渠道，是教学工作不可或缺的环节，是监督和提升教学质量的重要手段，也是教育科学研究的重要组成部分。目前中学音乐学科评价现状是，音乐学科是学生既喜欢又不会感觉到有压力的一门课程，但是我们还是看到学生喜欢音乐却不喜欢音乐课的现象。2018 年 9 月 10 日，党中央召开了中华人民共和国成立以来首次全国教育大会，提出了要从根本上解决教育评价指挥棒的唯分数、唯升学、唯文凭、唯论文、唯帽子的不科学教育评价导向，提出基础教育要围绕立德树人，美育精神要纳入课程，教师要积极参与教学改革，建立德智体美劳全面发展的科学教学质量观。

　　音乐作为人类文化的重要形态和载体，蕴含着丰富的文化和历史内涵，对音乐的感悟、表现和创造是人类的一种基本素质与能力。音乐教育最基本的功能就是全面提高学生音乐综合素养，如音乐教学中学生的即兴音乐实践、表演、改编音乐作品就是被审美的过程。音乐核心素养的本质就是当学生离开校园，走入社会，能用音乐的真善美去引导他怎样工作、与人交往、度过逆境，音乐不离左右而伴随他的一生。

美国当代音乐教育哲学家埃利奥特（Elliott）在《关注音乐实践——新音乐教育哲学》中对音乐素养的定义是音乐能力的总和——音乐理解能力、音乐表现能力、音乐创造能力、音乐相关的文化修养，获取这些能力和修养的渠道是"开放的和可教育的"，全部来源于音乐艺术本体。中学生音乐核心素养评价标准的制定原则和导向主要从中学生的音乐学习角度出发，以学生的音乐核心素养发展目标为基本依据，着重测评学生的音乐课平时表现、音乐活动记录、音乐特长展示、音乐参赛获奖情况等内容，力求全面、客观、公正地反映学生的音乐学习总体发展水平。综合评语应当结合学生的平时表现，由毕业班班主任撰写，学校学生测评工作小组审核确定。

二、课题研究初期成效

我们的教学评价不应仅仅具有评定等级的功能，不应只是一个结果，不应只是知识技能的书面鉴定，它更是关注学生未来发展的潜质评价，关注过程，关注学生学习过程中的兴趣、习惯、素养、能力的评价，科学合理的教学评价能更好地发挥教育教学的导向功能，促进课堂教学的有效性，对学生终身素养的培养产生深远影响。

通过课题研究，课题组成员撰写了具有一定价值的教育教学论文 10 余篇，其中李青校长的《不求所有　但求所用——九江七中引进柔性人才打造美育教师队伍工作案例》获全国第六届艺术展演中学组三等奖。2018 年 10 月，在全省学校美育工作会议上，李青校长还做了《教育就是向美而行》专题汇报。吴海芳老师的论文《巧用信息技术，优化音乐课堂》获九江市优秀教学资源展示论文评选一等奖。课题组成员在各省市级刊物上发表论文 9 篇，其中罗莹老师的《谈音乐教学中学生创新能力的培养》《中学音乐教学中学生合唱能力的培养策略》两篇论文发表在省级刊物《农家参谋》上。另有课题组成员 10 余篇论文发表在《九江教育》等市（校）级刊物上，在一定程度上起到了科研先导的辐射作用。

通过课题研究，形成了 10 余节初高中音乐优质课、观摩课实录、教学设计、教学课件。其中，罗莹老师执教的初中音乐优质课《青春舞曲》被评选为 2018 年教育部"一师一优课、一课一名师"部级优课；李岑老师的《东北秧歌基本动作》获得江西省"一师一优课、一课一名师"省级优课二等奖；冷峻老师的《夏日泛舟海上》获得 2018 年九江市音乐优质课初中组二等奖；2017 年 9 月，吴海芳、罗莹老师还为九江市中学音乐骨干教师培训班的学员们分别执教了《学会聆听》《青春舞曲》观摩课。这些来自中学音乐一线真实的教学素材为今后的课题推进及教研活动提供了丰富的资源。

通过课题研究，提高了课题组成员的专业素养，罗莹老师获得 2018 年九江市中小学音乐教师美育教育教学展示全能二等奖，她参与表演的小提琴重奏《肖斯塔科维奇第二圆舞曲》在 2018 年第二届九江市文化艺术节暨第二届音乐舞蹈节器乐大赛中获西洋乐青年组重奏一等奖。另外，课题组成员个人发展的隐性成果表现为李青校长荣获九江市音乐家协会颁发的 2017 年度优秀艺术顾问，吴海芳老师荣获中共九江市委人才办公室、九江市教育局颁发的九江市中小学首批名师工作室名师人选。

通过课题研究，促进了我校学生音乐潜能的开发，我校《苏堤漫步》《格桑梅朵》《我们的时光》分别获得 2018 年江西省第七届中小学艺术表演中学组器乐一等奖、朗诵二等奖、戏剧三等奖。这些荣誉的背后是我校扎扎实实落实《中国学生发展核心素养》《关于全面加强和改进学校美育工作的意见》文件精神，在全校开足开齐尚美艺术课程，初中推行每周两节音乐课（增加了舞蹈、器乐、合唱）、高中推行艺术选修课、学生社团活动等新一轮课程改革的践行。与此同时，还彰显了我校"向美而行，乐在其中"的办学特色。

三、课题研究后期设想

认识音乐学科核心素养内容与特征，以及如何通过本课题研究将中学生音乐核心素养落地，推动和深化音乐课程改革，在教学中及音乐课外活动中注重音乐学科逻辑与核心素养的关系，真正做到学生基本具备自主音乐需要、音乐实践能力、音乐情感体验、音乐文化理解的音乐核心素养。通过《中学生音乐核心素养评价标准》的评价原则和导向，从中学生的音乐学习角度出发，在体现"涵养美德，陶冶德行"音乐教育的核心目标下，着眼评价的教育、激励、改善功能，有利于中学生了解自身的进步，增强学习音乐的信心和动力，从而促进音乐课程学习目标的实现。拟定适合学生音乐素养发展的评价标准，探索课堂教学最佳效益的评价策略，形成教师独特的教学评价风格是本课题研究的核心目标和任务。

长期以来，由于音乐学科在学校教育中的薄弱边缘学科地位，教学评价得不到应有的重视和认可，因此要在一定程度上得到相关教育行政部门的支持，借鉴四川成都、江浙等地《中小学教育质量综合评价改革方案》，将音乐纳入中学生学业水平考试，出台相关的九江市初高中毕业生音乐测评方案。有效评价机制的出台必然影响中学音乐学科的教学质量和效率。

学校实施音乐教育的过程即是学生音乐核心素养形成的过程。改进中学生音乐核心素养评价研究有利于提高学校综合竞争力、音乐教师专业素养。

参考文献

［1］林培荣.基于核心素养的音乐课程与评价新思考［J］.音乐天地，2015（12）.

［2］吴琼茜.音乐教学中存在的问题及对策之微探［J］.新课程，2013（10）.

关于初中音乐"尚美文化"的建设与研究

江西省九江市第七中学　罗　莹

　　音乐是一个发现美的过程，是表达情感的方式之一。在培养学生审美水平的同时，也是在享受和聆听音乐的过程中体验情感。在目前的初中音乐教育中，音乐素养教育并没有得到足够的重视，部分学校甚至忽视了音乐教育。如音乐课时的安排不足、音乐素材和教室等硬件设施不达标等。鉴赏和感受是音乐教学的主要手段，音乐教育的过程可以帮助学生建立系统的情感认知体系。本文详细探究了提升学生音乐鉴赏能力的措施。

一、提升音乐教师"尚美文化素养"

　　提升教师"尚美文化素养"的策略研究是本课题研究的基础，贯穿教师学习、生活的全过程。"尚美文化"是基于核心素养的师生"尚美文化"建设的重要组成部分。"尚美文化"建设包含了教师审美素养的养成和教育教学能力的提高，具体包括教师的教学修养、审美修养、美育能力、审美的生活态度与美化生活的能力等。提升教师"尚美文化素养"要由外化到内化，从课堂到课外，从感性到理性，从工作走向全部生活，从刚性要求到文化影响。其主要措施有：营造书香校园，丰厚文化底蕴；实施审美教学，提高教学艺术；注重形象设计，展现高雅气质；增强审美体验，倡导艺术生活；整合美育工作，建设尚美文化，从而有效地促进课题组教师的专业成长。开展"以审美为核心在音教学法上的体现"研究之后，教师对审美教育的内涵、对新的教学理念也有了全面的了解。与此同时，教师也更加注重提高自身知识文化素养和审美修养。特别是提高对音乐艺术的探讨深度、对生活和艺术中美的领会与体验、对音乐教学心理学原理的研究，这将为课堂教学提供更广阔的发展空间。

二、选择用优秀的音乐感染学生

在对初中学生进行音乐教学时，要选择优秀的音乐作品，不仅如此，还要结合初中生的实际音乐水平，为其选择合适的作品，并且在鉴赏作品时，引导学生对该作品产生好奇心，比如收集该作品的创作灵感、创作背景、作者的个人资料等，使音乐作品变得生动起来，告别抽象。例如，在学习《红旗颂》时，教师可以从作品的创作背景、文化背景、情感等方面与学生展开交流，使学生对音乐的兴趣显著提升，达到提升音乐教育质量的目的。中国有 56 个民族，每个民族都有代表自己特色的音乐。在传唱度很高的歌曲中，可以选择湖北民歌《龙船调》等，吸引学生的注意力，丰富多彩的民族音乐能够提高学生对音乐学习的兴趣。结合实际情况制定合理的教学方式，在欣赏音乐的过程中，避免打断学生，而是简单引导，以学生的自身感受为主，去体会音乐的内在含义。

三、关于"尚美智慧课堂"案例研究

"尚美智慧课堂"案例研究是研究的重点。"尚美智慧课堂"是知识的传授、情感的交流、智慧的培养和个性塑造的综合体，是全面关注学生成长与发展的乐园，是全方位引领学生在"尚美"的精神氛围中接受文化洗礼和熏染的殿堂。"尚美智慧课堂"鼓励师生利用各种技术平台和载体（如信息技术、微课、未来教室等）探索教学过程中师生的交往与对话，它所给予的不仅是一种手段、一种模式、一种形态，更是一种全新的理念。我们在教学中以审美为主线，创设出：音乐情境美—感受，体验情感美—表现，音乐创造美—拓展，延伸音乐美的教学模式。本次研究立足课堂教学的案例研究，积累经验，形成个案，为课堂教学评价方式的研究提供鲜活的范例。

四、制造恰当的音乐氛围和环境

通过视觉激发学生的兴趣是不错的选择，可以将教室布置得优雅、富有诗意。比如，通过座位安排或是乐器摆放来达到视觉欣赏的效果，可挂上音乐家的画像、格言，或者在课间广播中播放有助于提高乐感的音乐。舒适愉悦的课堂环境能为培养学生的乐感以及鉴赏能力加分。若是要调动学生积极学习音乐的兴趣，应该尽可能引导学生进入当下音乐的情感领域中。在特定的环境下，学生能够专心感受音乐本身的魅力和乐趣。另外，科学又恰当的音乐氛围有助于提升学生的音乐素养。在教学中加入音频或视频，比如，在鉴赏《丰碑》这首歌时，可以为学生播放相关的视频片段，以此达到创建情境的效果，提高情感联系。教学过程中加强交流，充分地与学生沟通，听取学生的想法，以跟进教学目标的实施进程。在进行音乐教学的过程中，切忌对学生喜欢的某些音乐进行否定，以免降低学生在音乐鉴赏学习中的积极性。将学生喜欢的因素转化到音乐鉴赏中，在对音乐作品分析和解读的探索过程中，学生丰富了逻辑认知，也就学会了独立思考，从而使音乐审美能力得到提升。

五、关于"尚美特色文化"的开发与实施

"尚美特色文化"的开发与实施是向课外延伸的拓展研究。利用学校教育教学中音乐课堂、兴趣课、社团活动等阵地，结合区域内学校实际，进行"尚美特色文化"的开发与实施，包括舞蹈、表演、竹笛、昆曲、评弹等校本课程的开发，最终形成基于核心素养的在师生文化建设方面富有特色的拓展研究，并进行区域内、区域外的交流，形成影响。利用课外音乐教学活动，积累学生的情感体验，提高审美情趣。课外音乐活动是学校音乐教学的重要组成部分，对学生的全面发展起着重要作用。它不仅可以激发与培养学生的音乐兴趣和爱好，提高学生的音乐鉴赏能力和表现能力，还可以使学生获得更多的审美体验，养成良好的合作意识和团队精神。

六、结语

音乐学科教师通过以美育人、以美优教，将"美"体现并融入一切教育活动之中，从而提高学生的审美修养，丰富学生的生活方式，让每一个学生具备终身享受艺术美的兴趣和素养，为他们的终身发展打下坚实基础。

参考文献

［1］范铨洺.初中音乐教学中鉴赏能力的培养探讨构建［J］.黄河之声，
2019（17）：100.

［2］易慧燕.浅谈小学音乐教学中对学生音乐鉴赏能力的培养［J］.名师
在线，2019（23）：94-95.

音乐创编教学在课堂教学中的实际运用

江西省九江双语实验学校　赵雪瑜

一、改变教学理念，尊重学生的主体地位

创编表演在音乐课堂教学中发挥的创、演、趣的作用是值得肯定的。合理的创编表演可以全方位地培养学生编、创、演的能力，激发学生音乐审美的主动性，对发挥学生的个性、特长有着积极作用。学生在小学低年级就已经接触到了创编，也是创编教学中的基础性活动——创编歌词。学生首先记忆歌曲不是它的旋律，而是朗朗上口的歌词。在学生熟悉的歌曲中增添新的段落或改编歌词内容，这样做不仅能激发学生的学习兴趣，变被动学习为主动学习，而且有利于培养学生的创新思维。

需要注意的是，创编教学设计切忌盲目实施表演或者设计不当，这样不但不能培养学生的创造力和表演能力，还会让学生对原本很有热情的创编表演活动失去兴趣，使音乐课堂失去活力。有时候，教师插手学生的角色分工或完全参与包办创编，让学生的即兴创作表演跟着教师的意图走。教师的指导过多，学生缺乏自主创新，也就体会不到那种真正意义上的成功和喜悦。这在我的教学过程中也时有发生，我们总是不能放开手脚，将创编活动交给学生，实际上学生的创作灵感远远超出我们的想象。

二、运用先进教育方法，开展多样化创编形式

节奏是音乐的生命，奥尔夫在音乐教育中以"节奏第一"为口号，特别强调从节奏入手进行音乐教育。许多学生对音乐中的节奏机械反应，感受不到节奏的流动感，更无法感受和体验音乐的美感。为此，我们想通过有节奏

地说、拍手、行走、想想做做等教学手段，让学生学习音值、节奏型、节拍、速度、力度等节奏要素，在节奏教学中强调音乐与身体运动相结合，以动为主，运用"感知—运动"的方法对学生进行节奏训练，使学生通过节奏运动学习获得良好的音乐感知能力，提高节奏能力。创造节奏是建立在学生对歌曲理解的基础上，加以创造的活动。如《顽皮的杜鹃》一课中，在学生很好地学会演唱歌曲后，设计了一个为歌曲节奏创编结尾的活动，学生们在讨论中畅所欲言，充分发挥了他们的想象力，同时结合肢体节奏动作的表演，学生们在想象中说出了顽皮的杜鹃和布谷鸟生动有趣的语言节奏，从而把整堂课的气氛推向了一个高潮。

运用柯达伊教学法，体会音乐歌唱的美感和音高。在歌曲《老鼠和大象》与《月光下的凤尾竹》中，运用五声音阶五个音，让学生进行旋律创编。运用达瓦克罗兹教学法将音乐和形体及本心相结合，听音乐是不经过思考身体做出的反应。在学生创编体态律动时，引导学生根据乐曲的速度、力度、节奏、情绪等变化创作出协调而合乎节律的动作，并鼓励学生勇于自我表现。如《假如幸福的话拍拍手吧》这首歌曲，它是一首旋律欢快活泼、节奏紧凑的歌曲，让学生自由想象，并要求学生能创编动作来表现音乐的内容，以表达自己的感受。学生跟着音乐一起拍手、跺脚、点头、耸肩、握手等，这样的教学内容贴近学生的生活，我没有刻意去教唱，而学生已经在这种愉快的氛围中学会了歌曲，并通过自身的音乐体验在自我表现中发展创造力。

一年级的唱歌课《你的名字叫什么》，让学生轮流用歌唱的方式来问好，在这种创编活动中，学生感受到了音乐带来的快乐。对于《动物说话》，在歌曲拓展环节让学生分组编创情境儿歌，小猪说话、小狗说话等十几种不同版本的歌曲就出现了。在初中八年级的音乐教学中，《彩云追月》可以让学生配对出和音乐情绪相

赵雪瑜授课《彩云追月》

符合的古诗词歌唱。

综上所述，在小学音乐课堂教学中引入多样化创编形式能够更好地激发学生学习音乐的兴趣，锻炼学生的创新能力。教师可以通过改变教学理念、利用多样化创编形式创编音乐故事、利用多样化创编形式创编音乐舞蹈等方式，将多样化创编形式有效地应用到课堂教学中，以保证音乐课堂教学的质量。

参考文献

谢嘉幸，郁文武. 音乐教育与教学法［M］. 北京：高等教育出版社，2016.

以评价改革促进中学生音乐核心素养提升

——《中学生音乐核心素养评价研究》课题中期报告

江西省九江市第七中学　吴海芳

在核心素养全面推行的今天，以音乐为载体实现"以美育人"的目标是在一系列音乐审美活动中通过潜移默化逐渐实现的，如果缺乏以"音乐核心素养"为支撑的"音乐审美能力"，那么"以美育人"的课程目标不过是空洞的口号，对学生的成长无益。本文主要阐述江西省教科所"十三五"规划课题 17ZXZD004 "《中学生音乐核心素养评价研究》课题研究的改革方法及对策"。

一、问题的提出

众所周知，由于长期以来，片面以分数为单一指标的评价观念依然主导着教育行政部门政绩、学校办学质量考核指标。这与培养全面发展的社会主义接班人所应具备的人文底蕴、科学精神、学会学习、健康生活、责任担当、实践创新六大核心素养是背道而驰的。

音乐新课标明确提出要完善课程的评价机制，要以音乐课程三维目标的实现为评价的出发点，着眼评价的诊断、激励与改善功能，建立综合的评价体系，从而提升学生的音乐核心素养。

为了深化音乐课程改革，推动我校中学生音乐核心素养落地，我带领我校音乐教师结合近年来参与省市音乐课题的经验与成果，申报了"中学生音乐核心素养评价研究"课题，该课题于 2017 年 7 月顺利通过江西省教育

第四辑　我们的课题研究

科学"十三五"规划课题评审，并被评为学科带头人专项重点课题，编号为17ZXZD004。

本课题是以《中国学生发展核心素养》理论为指导，以《关于全面加强和改进新时代学校美育工作的意见》文件精神为行动指南，力图通过《中学生音乐核心素养评价标准》相关题库及相关软件开发，制定出更加具体、有效、准确的中学生音乐核心素养评价体系。

二、课题研究内容

子课题1：探索适合中学生音乐核心素养发展的评价标准

依据音乐学科特征和独特的育人功能，经过一年多的课题教学实践与调研，我们凝练出音像辨识、音乐表现、审美判断、创意实践和文化理解五个音乐学科素养。评价标准的制定也逐一对应了学生音乐认知水平的检测和评价、学生音乐实践能力的检测和评价、学生审美情感与学习情感的检测和评价。

美国现代心理学家布鲁纳提出："学习的最好刺激，乃是对所学材料的兴趣。"音乐是听觉的艺术，首先要让学生聆听最原汁原味最地道的音响，由于诸多因素，音乐教材配套的教师用书及音响资料不一定是最佳版本，这就需要音乐教师在课前通过各种渠道收集、甄别、比较，到最后确定，尽量确保课堂上给学生聆听的音响符合学生的年龄特点、课型要求等。当然，制作精美、形象逼真的音乐视频也会给音乐教学带来意想不到的效果，如在教授印度音乐时，由于学生对外国音乐比较陌生，特别是印度民族乐器的形状、演奏方法及姿势等，如果课堂上播放相关的印度电影片段，亲眼看到萨朗吉独特的形状及演奏姿势，并听到音色柔美、善于模仿人声，才明白其被誉为"印度小提琴"的由来。

子课题2：探索适合中学生音乐核心素养发展的评价策略

我们运用音乐成长档案，班（年、校）级音乐会记录册，引导教师关注学生的音乐参与兴趣和积极性、关注三维目标的达成、关注有效学习策略的形成，让我们的评价不再是评价者对被评价者的单向刺激反应，运用科学有效的评价机制，促进师生教学双边的共同进行和发展。如当新生入学时，我们可以通过一系列音乐素养测试及学生音乐基础登记表建立学生个人音乐成长档案电子档，并将其分发给对应的音乐授课教师，学期结束后，教师提供该生音乐课堂表现记录，班主任提供该生参与年级、学校音乐会情况，家长提供该生参与社区、县、市区乃至全国性音乐会及赛事照片证书、音视频资料等，该生毕业时汇总所有学期各层级记录给予最终评语。音乐成长档案为音乐教育教学提供了重要的参考依据，也能够使音乐教师更好地做到注重学生个体差异，因材施教。

子课题3：探索适合中学生音乐核心素养发展评价标准的实施与反馈

评价标准实施之前，学校将测评方案、评价细则通过多种渠道告知学生及其家长，并做好相关内容的解释和说明答疑工作，学校对校内各班级的中学生音乐核心素养测评工作进行指导和监督，接受咨询，及时解决测评中的问题。测评结果呈现为A、B、C、D等（分别代表优、良、合格、不合格），测评结果应告知学生本人及其家长，其中获得"A"等级的学生名单在校内公示。

首先是通过家校通、班班通等方式告知学生及其家长，使其了解音乐测评的具体要求——听、唱、奏、赏、表，以便引起重视，对家长不清楚的内容进行逐一解答，从而起到宣传教育作用，公布优秀学生名单。这样可以让学生反思自己的音乐学科成长历程，音乐教师对学生音乐学业成绩和专业素养做出质性的分析与评价，让家长更好地了解孩子在校的音乐素养发展进程，建立常态化的家校沟通。

教师通过学生学习过程的自评，师生之间、学生之间在实践活动中的互评，教师、家长、社会对学生音乐能力的他评，构成中学生音乐核心素养评价的重要组成部分，教师通过多渠道获取改善音乐课程的评价信息，指导学生对音乐的学习加以调整和改善，从而提高学习质量。高中生的评价数据还可以纳入新高考《学生综合素质评价》中，学校也可以通过评价数据的统计与分析来评价音乐教师的业务素质、教学态度、教学方法等，并将此作为音乐教师职称评聘、评优评先等依据。教育行政部门也可以通过学校全体学生音乐核心素养的评价数据衡量学校落实美育文件精神的依据。

三、课题研究初步成果

近年来，我校大力倡导"人人有才，人无全才，扬长避短，人人成才"

的育人观念和"向美而行，乐在其中"的"尚美"文化精神，重内涵发展，办优质教育，通过课题研究，彰显了我校"向美而行，乐在其中"的办学特色，取得了丰硕成果。

2017年9月，我校成为华南理工大学艺术学院教育基地；2017年11月，我校获得江西省九江市教育局颁发的全市重点中学高中教学质量管理综合优胜单位；2018年，我校获得九江市教育学会颁发的九江市教育学会先进会员单位、九江市教育局颁发的九江市重点中学专项优胜单位、九江市精神文明建设指导委员会颁发的九江市文明校园。除此之外，我校还是江西省艺术教育示范学校、江西省第二批普通高中"特色学校"、江西省高水平艺术团学校、人民教育出版社"音乐课程实验校"、江西省第一批"五个一百美育工程"学校。

近年来，在初中生源流失严重、生源质量急剧下降的情况下，我校仍然实现低进高出，2021年中考喜获丰收，超过九江市一中、二中、三中择优线3人，实现近年来零的突破。音乐、美术、舞蹈专业本科通过率保持90%以上，并以近50%的本科率源源不断地向中央音乐学院、武汉音乐学院等艺术名校和各类综合大学输送了一批又一批优秀毕业生。我校也因骄人的办学成绩连续二十年被市教育局评为"高考质量优胜单位"。

九江市第七中学元旦文艺会演学生舞蹈团表演

四、 课题研究存在的问题及对策

课题后期将围绕课题本身的研究定位和目标，进一步突破研究难点，在细化评价策略、评价指标、评价体系等方面做更多研究。湖南师范大学美育发展研究中心郭声健教授说："不能通过测评把学生考趴下，而是通过测评，增进学生学习音乐的自信心，满足学生的音乐表现欲，让学生用音乐体验到成就感。"

因此，后期课题组也会就如何让学生愉快参加音乐素质测评、改变以往传统笔试为闯关游戏的网络测评、开发出像全民 K 歌那样的测评设备进行攻关。

我们力求通过课题培训及研究活动的开展，聚焦音乐课堂改革，提升音乐教学品质，加强学校音乐社团建设、文艺会演及艺术节的活动开展，丰富学生音乐审美品质，最终提高我校师生音乐核心素养。

参考文献

中华人民共和国教育部 . 义务教育音乐课程标准（2011 年版）[S]. 北京：北京师范大学出版社，2012.

第四辑 我们的课题研究

123

巧用信息技术，优化音乐课堂

江西省九江市第七中学　吴海芳

随着课程改革的不断深入，音乐课的教学模式逐渐由传统的应试教育向素质教育转变，学生逐渐成为课堂教学活动的主体。在音乐教学中，信息技术将图、文、声、像融为一体，使学生直观地感受到音乐学习的魅力，同时学生课外接触音乐的机会增多了，他们更希望通过音乐课感受音乐、理解音乐、开阔视野，潜移默化地增长音乐知识。如何在音乐课中巧用信息技术进行教学，优化课堂教学成为现阶段一个新的课题。

一、巧用信息技术，创设情境导入

俗话说："万事开头难。"创设良好的情境导入是一节优课的必备条件。例如，我在教授《进行曲 》时，在课前导入设置了不同场景、音乐风格的进行曲音乐，师生在音乐视频背景中律动。师生共同创编各种进行曲律动动作，并说出各自进行曲的名称及音乐特征，渲染了音乐作品氛围。再如，罗莹老师执教的《匈牙利舞曲》，课前请学生观看课件图片并让学生说出是哪个国家及相关文化，然后通过匈牙利舞曲的相关图片来介绍舞曲特点，水到渠成地导入新课。

创设情境是优化课堂教学的重要手段，在音乐课中要充分合理地利用信息技术与媒体资源创设音乐情境，调动学生的眼、耳、手等多种器官，使其主动参与课堂教学，特别是帮助中低段学生体验探究音乐，最终提高学生整体的音乐核心素养。

二、巧用信息技术，有效解决难点

教师们一般在课前设计中会花大量的时间与精力思考如何突破教学重难点的问题。传统的唱歌课一般会采用以下这些环节：发声练习—导入新课—教师范唱—节奏练习—视唱歌谱—学习歌词—学唱歌曲—解决难点—情感处理—完整演唱—课堂小结。传统的唱歌教学一般采用的是先局部、后整体，先识谱、后唱歌，先学会歌曲、后进行艺术处理的教学方式，这不仅影响着学生学习的积极性，也影响着唱歌教学目标的达成。这种教学流程好比把情感这点肉硬生生地从技术这根骨头上剔下来，致使学生"食之无味，弃之可惜"。

我们来看一看在信息技术的辅助下，教唱方式发生了哪些变化呢？又是如何有效解决难点的呢？例如，赵雪瑜老师在执教《踏雪寻梅》时，首先播放白雪皑皑的校园里盛开的梅花视频，请学生们将"闻梅花的香气"结合到呼吸练习当中，显得十分巧妙。这种远离专业术语、接地气的学唱歌曲方式降低了发声练习的难度，更提升了发声练习的质量。同时为了让学生们找到歌唱声音的位置，教师用了一个有趣的比喻：好像铃铛在你的头顶往上蹦，并且用"邦邦"为《踏雪寻梅》量身定制了练声曲，有效地解决了"用弹跳的声音演唱跳音"这一教学难点。

三、巧用信息技术，提高示范效率

在教学中，合理使用信息技术进行直观演示能有效地突破难点。学生对教学活动产生了极大的兴趣并积极地参与进去，这样的学习活动必定能事半功倍。

音乐教师一般需要担任多个班级的教育教学任务，在缺少专业教室及钢琴的情况下，音乐教师多是在班级中流动授课。教师的示范是音乐技能课堂中最吸引学生的活动，是让学生直接感受音乐神奇魅力的最佳途径。但是，由于音乐教师个人专业限制，不可能提供所有演奏乐器、演唱声乐作品的示范，因此巧用现代信息技术，尤其是微视频的制作，可以从整体上提高音乐课堂的实效性和学习效率。例如，教师教授巴赫管风琴《d小调托卡塔与赋格》时，借助音乐大师课件播放视频，学生能身临其境地感受到巴洛克音乐风格。而在我们传统的课堂中，有很多课题涉及众多中外乐器，一般教师是无法解决所有范奏难题的。

吴海芳为学校电子琴兴趣小组学生授课

四、巧用信息技术，评价激励成长

众所周知，由于我国现行中高考制度并没有音乐考试科目，在指挥棒的作用下，音乐课成为可有可无的边缘学科，有的学校就是开设了音乐课，也只是为了应付教育行政部门检查，常常是非专职教师上课，授课教师基本上是班主任或者主课教师，也常用音乐课来上其他学科内容或者考试。没有统一的测评标准，音乐专职教师对音乐课如何评价学生音乐素养也是一头雾水，常常还是停留在几十年前那样，学生唱一首歌或者片段作为音乐成绩。

教学中巧用信息技术评价激励学生成长是势在必行的，利用信息技术网络平台对学生音乐课堂上的演唱（奏）、班级音乐会学生表演音乐作品等方面进行图片、视频展示，让学生自评、同学互评、教师点评，甚至可以利用家长微信群一起参与评价，实现评价的多元化。日积月累的评价数据构成了学生音乐核心素养评价的重要组成部分，也有利于学生自身音乐学习素养方面的进步，增强学习音乐的信心和动力，促进音乐课程学习目标的实现。同时音乐教师通过多渠道获取改善音乐课程的评价信息，指导学生对音乐的学习加以调整和改善，提高学习质量，巧用信息技术使评价的功能放大，激励的范围更广。

五、巧用信息技术，引导主动学习

《义务教育音乐课程标准（2011年版）》明确提出：兴趣是学习音乐的基本动力，是学生享受音乐、用音乐美化人生的前提。因此巧用信息技术，把课堂延伸到课外，引导学生课后主动学习是实现课标精神的有力保障。我们很多音乐教师一直觉得家长不关心学生对音乐课的学习，总觉得音乐课是副科，无所谓。其实我们可以运用现在的校信通、微信、QQ等主动告知家长学生的音乐学习情况。家长的回应是非常快的，都很感兴趣，记得我当音乐班班主任时，在开完家长会后不久就收到家长发来的信息："吴老师，非常感谢你，给孩子留下了如此珍贵的视频资料，今后我们会支持他学习音乐的。"这说明家长还是很在意音乐学科的，这让我深刻地感受到其实我们主动与家长交流了，家长是很配合的。这也是信息技术给我们的教学带来的便利，拉近了我们与家长的距离，非常有利于家校沟通。

当然，信息技术的运用必须因地制宜，如音乐教师为了突出学科综合特点，在课件上运用了大量与音乐作品无关联的绘画作品，并且每一个环节之间都有刺耳的鼠标切换音乐声。学生在观看课件时，首先会被五颜六色的图片吸引，哪里还有注意力静下心来聆听音乐作品，而此起彼伏的切换音响会分散学生注意力，会琢磨这到底是什么声音。由此可见，要恰如其分地运用信息技术，教学中媒体资源过于丰富也会形成喧宾夺主的局面。

只有我们把学生的音乐兴趣培养作为音乐教学的首要任务和目标，遵循学情分析，结合教学目标精心设计教案，突出音乐课以听为主的特点，精选必要的图片，做到听一听、看一看、动一动、想一想、创一创、演一演，多角度、多感官相结合，才能更好地培养学生的音乐综合素养。随着科技的发展及音乐教育事业的进步，给我们的音乐课堂教学插上科技的翅膀，相信它一定能带着我们的学生飞上更高的天空。

参考文献

［1］吴斌.义务教育课程标准实验教科书［M］.北京：人民音乐出版社，2009.

［2］曹理.音乐学科教育学［M］.北京：首都师范大学出版社，2002.

开发音乐校本课程，丰富校园美育文化

江西省九江市第七中学　吴海芳

自《关于全面加强和改进新时代学校美育工作的意见》颁布以来，对学校的艺术教育是极大的鼓舞，但如何将政策落实是需要各地各校深入进行研究的课题。我校结合校情、学情、音乐师资情况进行了教学实践探索，开发了一系列音乐校本课程，丰富了校园美育文化。

一、开发音乐校本课程的背景

《中共中央、国务院关于深化教育改革全面推进素质教育的决定》中正式提出："建立新的基础教育课程体系，试行国家课程、地方课程和学校课程"，即三级课程、三级管理，逐步实现"国家课程校本化，校本课程特色化"的目标。特别是江西省在全省推行高中新课程改革以来，我们面对新的教材、新的模块教学如何做到尽可能满足学生个性发展的差异性，又考虑到地方与学校的差距？

虽然我校的音乐教育取得了一定成绩，但音乐教学远远不能满足社会快速发展对良好能力人才的迫切需求。我们根据学生的兴趣爱好选择校本选修课程，并组成各兴趣小组，安排能胜任该课程专业教学的音乐教师担任教学，并在课堂教学中有意识地引入江西地方资源素材，使之与学生的生活背景、阅历、经验贴切，让学生主动在课后收集音乐素材，以音乐作为生活、学习的伙伴。

通过开发音乐校本课程、学生自主选择课程，推动了以核心素养为导向的课改深入，既满足了学生个性化课程需求，又促进了学校特色化办学进程。

二、开发音乐校本课程的做法

首先，我们通过翻阅资料，分头查找，了解有关国内外学校音乐教育教学的研究文献。这一过程的学习旨在全方位地了解国内外的音乐文化教育现象，以及近现代我国音乐教育的政策、法规和各地音乐教育的发展现状。通过学习、分析与探讨，我们清晰地定位了研究目标。我们围绕课题，广泛涉猎与课题内容相关的很多书籍和网站，收集大量的文档史料，拜访民间艺人、音乐艺术表演家，收集大量的有关课题的文档、图片、音响音像等素材。其次，在分析与探讨后，我校将"江西地方音乐资源"定为校本课程，使用了以江西本土音乐素材为主的实验教材《心中有首家乡的歌》。我们在分析学校环境和确定课程目标的基础上，有针对性地设置了课程组织。课程组织就是选择和确定校本课程的构成要素、课程内容及呈现方式。将开发的以"江西地方音乐资源"为龙头的课程定为校本课程的必修课，另外，通过调查研究、座谈等形式，征集学生意愿，并结合我校实际开设了江西音乐鉴赏、合唱、舞蹈、地方戏曲等几门课程，供学生自主挑选。作为校本课程的选修课，各位教师精心组织，认真钻研，既有过程资料记载，也进行了简明教材编写。校本选修课程的开设拓展了"江西地方音乐资源"的内涵，深化了课题主题研究。

音乐教师们精心组织，认真钻研，各自承担音乐校本教材编写。学校现代教育技术的基础建设如多媒体教室、电子阅览室、CAI 课件制作室及班班通等保证了以"学"为中心的音乐教育教学活动的顺利开展。

三、开发音乐校本课程的成果

（一）打造高效课堂，促进学生全面发展

开发与实施音乐校本课程，打造音乐高效课堂，全面提高学生的艺术素养，我校学生参与的各级各类艺术奖项合唱 900 人次、舞蹈 600 人次、器乐200 人次、戏剧表演 100 人次，我校合唱、戏剧、民乐合奏多次荣获江西省中小学生艺术展演中学组一、二等奖。在这些艺术活动中，学生的专业表演能力得到了锻炼与展示。

我校自 1992 年在高中开办艺术班以来，为全国高等艺术院校输送了大批

优秀艺术人才，近几年，学生获得外省音乐专业本科合格证的百分比及最后被音乐院校录取的比例是逐年攀升的。据统计，我校音乐专业本科合格率连续六年均为百分百。在九江市重点中学高中教学质量专项评估中，我校连续多年获得"优胜单位"荣誉称号。

（二）提高教研能力，促进教师专业化成长

对于此项研究，教师参与面广泛，研究周期长，在课题专家指导下编写了音乐校本课程教材，并用于教育实践，提高了理论水平，促进了教师的专业化成长。教师参加各级各类竞赛百余人次，课题组成员近30篇论文在《江西教育》《华章》《鸭绿江》《戏剧之家》《文艺生活》《九江教育》等省市级期刊上发表，音乐校本课程的开发加强了音乐教师对教材、教法、音乐科研等工作的能力，提高了理论水平，促进了音乐教师的专业化成长。音乐教师参加各级各类竞赛百余人次，吴海芳老师出版了专著《天籁之梦——特级音乐教师成长之路》，音乐组教师多人次获得江西省音乐教师基本功大赛一等奖，以及"一师一优课、一课一名师"活动省级优课等。

（三）提升办学品位，丰富校园美育文化

音乐校本课程的开发与实施推动了学生素质教育全面发展，促进教师专业化成长，丰富了校园美育文化，学校特色在校本课程中得到了凸显。成功的校本课程开发必须要以学校的办学特色为立足点，与其同生共长。校本课程开发实施的最终目的是提高教育教学的质量和效益，促进学校、教师、学生的可持续发展。

经过多年来的潜心研究，学校的艺术教育教学出现了前所未有的活力。学校成功申报江西省重点高中、江西省艺术教育基地，并获得江西省优秀艺术教育先进单位。特别是2016年以李青校长为首的新领导班子提出了我校新的办学思路："办一流初中教育，树艺术高中品牌"。我校光荣地成为教育部命名的全国足球示范学校、江西省第二批普通高中特色发展实验学校，成功接待了芬兰卡亚尼市政府代表团、新西兰新中友协教育代表团，顺利通过了国家督导组义务教育均衡发展检查，并得到了检查组的高度肯定。

四、开发音乐校本课程的反思

（一）重视音乐师资培训

音乐教师是实施音乐课程的关键因素，学校应聘任专职音乐教师任课。

我曾在音乐报刊上看到"如今的音乐教师越来越难当了"这样的报道，因为如今班中有 50%~60% 的学生接受过艺术培训，有的学生所掌握的乐器教师都不太了解。学生接受音乐教育的年龄提前了、音乐素质提高了，音乐教师必须注意提高自身的综合素质，要时刻做好充电准备。由于音乐教师的专业特长不同，提倡校际的师资交流及跨校兼课。为了弥补高中专职音乐教师的不足，我校聘请了 10 名校外优秀音乐教师，由学生自主选择上课。

学校加大了对音乐教师的培训力度。吴海芳老师参加了江西省教研室组织的音乐学科普通高中新课程实验教材骨干教师省级培训，并参加了"江西省中小学校本课程开发"专题研修班；吴海芳、侯晓君老师还参加了由江西省音乐家协会声乐专业委员会主办的"鄱之韵"江西（吴碧霞）声乐研修班课程；殷大彤老师参加了由厦门大学主办、教育部组织的中西部中小学艺术骨干教师国家级培训；罗莹老师参加了由江西省教育厅组织的合唱指挥师资培训，以及中小学音、体、美地方（校本）课程资源评选活动的学习；李岑老师参加了由江西省教育厅组织的舞蹈师资培训。通过培训，教师们更新了教学理念。

（二）配足音乐教学设施

音乐教学设施是实现课程目标的重要保证，要求学校除了配备音乐专用教室和必要的教学设备外，学校图书馆和音乐教研组应购置足够数量的音乐书籍、乐谱、杂志和视听资料以及音乐软件，供教师备课、进修和研究使用；学校的学生阅览室也应配备足够数量的音乐书籍和视听资料等，供学生自主学习和开展课外音乐活动使用。学校的多媒体教室、室内体育馆、礼堂等也应视为音乐课程资源的一部分，可以利用这些设施举办歌咏比赛、文艺会演、师生音乐会或音乐讲座等。此外，学校的广播站、电视台、校园网是音乐教育的重要资源，也是建设校园精神文明的窗口。学校的有关部门应当积极配合音乐教育活动及音乐课堂教学，经常播放健康向上的音乐，拓宽学生的音乐文化视野，营造良好的校园文化环境。在应用现代信息技术进行教学时，音乐教师可与信息技术教师合作实施教学。

（三）开展丰富的音乐活动

学校课外艺术活动是音乐课程资源的重要组成部分，音乐教师有责任承担此项任务。充分利用课余时间，面向全体学生举办各种形式的课外音乐活动，包括以班为单位、群众性课外活动，以及由兴趣生、特长生组织的社团性课外音乐活动，如歌咏比赛、校艺术节、晚会、合唱队、舞蹈队、乐队等。学校应将此项工作合理地计入教师工作量，并在设备、场地、经费上予以支持和保障。此外，在音乐方面有专长的学生也是重要的课程资源，在实施新课程中应充分发挥音乐特长生的示范效应和联动效应，把特长生当作一个支点，带动音乐素质教育的全面发展，使高中阶段的音乐教育跨上一个新台阶。另外，教师应重视家庭和社会音乐环境对学生音乐爱好、审美情趣的影响，并予以积极的引导；在教学中要善于运用本地区的民族民间音乐资源，使学生受到民族音乐文化的熏陶；可采取"走出去""请进来"的方式开发课程资源，如组织学生听音乐会、走访民间艺人，或请专业音乐家到校表演、举办音乐讲座等。

我校浓厚的艺术氛围对学生音乐核心素养的培养发挥着重要作用，学校创设了"日新讲坛"，邀请了华南理工大学音乐学院梁军院长做《合唱与指挥》专题讲座、德国声乐博士王荇荇做《歌唱的科学方法》专题讲座，协办了江西省高雅艺术进校园活动之大型声乐套曲《长征组歌》、九江市音乐家协会主办的"合唱沙龙交流音乐会"，学生们在这样的高雅艺术活动中"走近大师、感受经典、陶冶情操、提高修养"。

虽然我校的音乐教育取得了一些成绩，但仍有一些问题有待进一步改进与深入研究。例如，音乐校本课程资源开发还缺乏系统性，系列作品较少；音乐校本课程资源管理还缺乏科学性，检索资源不便；如何利用学

九江市第七中学学生合唱艺术团

校现有教育教学资源提高音乐校本课程开发的效率；如何加强学校与社会科研教育力量的深度整合；如何进一步适应学生、家长和社会的需求，开发实用性的"江西地方音乐资源"校本课程，并形成系列、形成自己的乡土教材；如何形成更为灵活和有效的音乐校本课程评价机制，进一步凸显艺术学校的特色。

在今后的工作中，我们将以此为起点，以更积极的态度投身于校本课程研究中，促进学生个性和学校特色的形成。

如何创新中学生音乐核心素养评价研究

江西省九江市第七中学　吴海芳

[该成果是 2017 年度江西省教育科学"十三五"规划课题学科带头人专项重点课题"中学生音乐核心素养评价研究"（编号为：17ZXZD004）的阶段性研究成果。]

让每个学生都能享有公平而有质量的美育，让他们具备满足"日益增长的美好生活需要"所必备的艺术审美素养是教育部出台一系列推动学校艺术素质测评文件的初衷。如今，三年多的试点工作取得了哪些经验与成绩？又暴露出哪些问题呢？相关教育行政部门及学校该采取哪些行之有效的对策呢？本文主要针对以上问题提出了改革方法及对策，确保打好艺术素质测评这场攻坚战。

一、提出问题的背景

核心素养的研究始于 20 世纪 90 年代西方发达国家，至今已形成较完善的课程体系，但是中国起步较晚，2016 年，教育部颁布了《中国学生发展核心素养》，提出核心素养研制的价值取向是帮助学生成功应对未来社会变化，在工作、生活、社会参与领域成功。此外，认识音乐学科核心素养的内容与特征，以及如何通过相关课题研究将中学生音乐核心素养落地，推动和深化音乐课程改革。

长期以来，我国学校音乐教育的理论探索都是十分薄弱的环节，尤其美育在学校教育中被边缘化，失去应有地位，音乐教育的理论研究基本上处于

第四辑　我们的课题研究

一种停滞状态，随着课程改革的深入，对相关课题探究的紧迫性凸显了出来，当前以人为中心，促进学生全面发展应当是核心素养的核心宗旨；落实核心素养的根本目的是促使教育转向人、聚焦人、发展人，落实立德树人的根本任务，从根本上解决培养什么人、怎样培养人的问题。

为推动中小学生艺术素质测评工作，2015 年，教育部印发了《中小学生艺术素质测评办法》等三个文件，确定了 102 个中小学生艺术素质测评实验区。如今，测评试点已经过去三年多，试点工作取得了哪些经验与成绩？

2017 年 11 月 23 日，全国中小学生艺术素质测评工作现场推进会在苏州市召开，教育部体育卫生与艺术教育司王登峰司长指出："改进美育教学，还需要对学校美育进行客观评价。艺术素质测评就是对学校美育教育成果的一个评估。过去我们学校美育地位为什么总是提不起来？一个很重要的原因就是没有考核，没有评价体系。"

据了解，从 2017 年开始，江苏省教育厅在淮安等地陆续试点实施中小学生艺术素质评价制度，过程性评价则通过学生初中三年艺术表现分为 A、B、C、D 等级。初中三年平均成绩在 90 分以上为 A 等级，75~89 分为 B 等级，60~74 分为 C 等级，59 分以下为 D 等级。而终结性评价通过将音乐和美术合为一张各 50 分、总分 100 分的试卷，按卷面得分的 10% 计入中考总分。

九江市中小学生民乐社会考级七中考场

二、目前存在的问题

目前，教育评价指挥棒的"五唯"不科学教育评价导向依然存在，认为音乐等艺术学科不参加中高考、学校艺术教师匮乏、开发艺术素质评价系统烦琐、多一事不如少一事等观念，都在制约试点工作的开展。这些现状都是与国家提倡教育就是要培养全面发展的社会主义接班人所应具备的人文底蕴、科学精神、学会学习、健康生活、责任担当、实践创新六大核心素养背道而驰的。

音乐核心素养是音乐感受、体验、表现、创造能力的总和，是以音乐基础知识、基本技能、音乐文化的理解为基础的，是音乐审美能力的重要组成部分和标志，教学过程中可采用多种形式提升学生的音乐素养。

三、解决问题的对策

《中学生音乐核心素养评价标准》制定的原则和导向应从中学生的音乐学习角度出发，"以评促学、以评促教、以评促校"。这不仅满足了学生核心素养的发展需求，提升了音乐教师专业的核心素养，而且推动了学校以核心素养为导向的课程改革，促进了学校特色化办学进程。

评价的内容分为基础性音乐课程的评价、拓展性音乐课程的评价、综合实践性音乐活动课程的评价。考核形式以学生欢迎和受益程度问卷、授课教师自评和校本课程管理领导小组综合评价为主。评价形式以笔试与口答、班级音乐会学生表演音乐作品、学生学习体会（收获）等方式呈现。包含自主参加校外艺术学习，参与艺术实践的情况（主要指参与社区文化艺术活动、学习优秀的民族民间艺术、欣赏高雅的文艺演出），在学校现场测评中展现的某一艺术项目的特长（包括声乐、器乐、戏曲），我们将这些音乐拓展课程的成果充实到学生的《音乐成长记录册》中。注重对学生表现和素质发展进行整体评价，注重评价方式的多样化，评价内容上关注过程，兼顾结果。采取自我评价与他人评价、个别评价与集体评价、形成性评价与总结性评价等多种形式。

创新音乐素质测评工作机制的关键是确定目标、制定标准、规范程序，我们围绕课题本身的研究定位和目标，还需要进一步突破研究难点，在评价策略、评价指标、评价体系等方面做更多研究，要明确测评对象是普通学生，培养目标是具备高音乐素养的公民，不能将其等同音乐特长生选拔。

四、课题后期规划

我校充分发挥音乐艺术教育的资源优势，除高中音乐专业班开设课程以外，在其他年级开设合唱、形体、声乐、钢琴等多种校本音乐艺术选修课程，指导学生结合自身实际进行"必修与选修"，全面加强对学生的普及性音乐艺术课程教育。将艺术教育有机融入学校教育文化生活，通过校园艺术节、课外兴趣小组及社团活动、各类艺术创作表演或竞赛及校外音乐实践活动等多种形式和渠道，培养学生良好的审美情趣和人文素养，促进学生全面而有个性地发展，实践创新能力增强。

我们贯彻落实《江西省学校美育工作改革与发展备忘录》，实施"十百千美育人才工程""五个一百美育工程"，这些举措必然会在一定程度上督促学校开齐、开足、开好美育课程。

在"中国梦"与时俱进的今天，重新认识和发展美育是成就梦想的一条重要途径。只有当我们的学生能在音乐课堂上探寻真善美、在音乐社团与乐齐鸣，走出校园走进音乐厅……百年前，蔡元培先生"美育强国"的教育理想才能真正成为现实。

参考文献

［1］中华人民共和国教育部.教育部关于印发《中小学生艺术素质测评办法》等三个文件的通知（教体艺〔2015〕5号）［Z］.教育部网站，2015.

［2］中华人民共和国教育部.义务教育音乐课程标准（2011年版）［S］.北京：北京师范大学出版社，2012.

浅谈小学音乐教学中的创编活动

江西省九江双语实验学校　赵雪瑜

江西省九江双语实验学校音乐组申报的省级课题"音乐课堂上开展有效创编活动的研究"获准立项后，课题研究初期进行了师资队伍调研报告，并对实验学生进行摸底，在课题研究过程中，通过集体备课、学习培训讲座等方式进行课题研讨。课题组成员对自我研究过程中的成长和进步进行了整理，形成教师成长档案。

我作为课题组主持人，对参与课题研究的教师进行了发展阶段评价，并在中期对参与实验的学生和研究教师进行问卷调查。我们在教学中深入运用新体系的教学理念和方式方法，最终形成了代表性教学和课外音乐实践活动成果。

现对课题组在音乐教学中的实践效果和应用情况汇报如下。

一、激发学生兴趣，提高音乐素养

节奏就是将长短不同或相同的音按照一定规律组合起来，这是一个比较抽象的概念，儿童是不易理解的，但他们对节奏却是比较敏感的，于是我让学生在生活中寻找节奏，如交通工具的声音、火车在正常行驶时的"嚓嚓嚓嚓"的声音、轮船的汽笛声等。

通过我的悉心引导，课堂焕发出生命力。以前上课都是我提问，学生回答，很被动，现在课堂非常"热闹"，学生善于并喜欢与教师交流，勇于提出问题，学生的音乐素养得到了提高，学会关注音乐的情感因素，教学质量得到提高。

第四辑　我们的课题研究

137

在课题开展之后，各班的教学效率都有明显提高。音乐课中的即兴创编是一项综合性的艺术创作活动，它以即兴为导入，将音乐、戏剧、舞蹈、美术、文学、生活等结合起来，将歌唱、演奏、表演、身体活动等结合起来，呈现多样化、个性化的特点。尤其对于低年级学生，通过启发和引导，培养他们的创作意识和创造才能，让他们感受到音乐是美好的。比如，节奏训练是小学音乐课的重要学习内容，小型节奏器音色丰富、简便易学，又易于寻找代用品，是音乐课堂常用的教学工具，广泛应用于音乐教学的唱、奏、演、听、创等音乐实践中，对培养学生的创作意识和合作精神有着积极的促进作用。从培养学生创编节奏抓起，更容易唤起他们对音乐的兴趣，激发对音乐的情感，是培养学生音乐感觉和情感的金钥匙。

二、促进课程发展，提高教学能力

长期以来，即兴创编活动都是我国音乐教学实践中普遍存在的薄弱环节，课题组成员改变了传统的教学模式，每节课都精心准备，尝试了许多新的教学方法，收到了良好的效果，改变了教学与生活化分离的状况，使教学、科研、生活融为一体。

工作室成员会议

音乐艺术，贵在创造，即兴创编活动一般是指学生根据当时的感受而产生的一种音乐创作行为，是事先不必做酝酿及准备的临时创作。即兴创编经常与即兴表演联系在一起，二者相辅相成。在音乐课上，它表现出的最大特点是富于激情，反应快捷，现场发挥灵活多变，表情自然流畅。

课题组成员在音乐教学中开展创编歌词、动作、旋律及运用不同的音源及不同的音乐表现形式，即兴创编音乐故事或生活情景，并参与表演的研究。课题组成员尝试着摸索和运用新的教学模式与教学方法，寻求学生易于接受、乐于接受的学习方式，从而达到提高学生音乐感受力、提升音乐表现力的目的。这就需要我们创造性地使用、开发课程，根据教材设计互融问题，编写教案，通过课堂上教与学的双边活动，促进学生主动参与、自主探索、合作交流，实现提高音乐课堂教学能力的目标。

让学生每每带着浓厚的兴趣走进音乐课堂，让学生时时保持一种对音乐学习的积极心态和愉悦体验，"学海无涯'乐'作舟"，音乐课堂成了学生精神上的家园，让音乐将真正走进学生的心中，成为其心灵里美好的东西。

参考文献

［1］杨立梅．奥尔夫音乐教育体系［M］．北京：人民音乐教育出版社，2007.

［2］曹理．音乐学科教育学［M］．北京：首都师范大学出版社，2002.

第四辑 我们的课题研究

第五辑

05

我们的言为心声

感受合唱教学艺术魅力

——2021年江西省初中音乐合唱优秀课例现场展示点评

江西省九江市第七中学　吴海芳

首先感谢所有参赛选手及各地市的磨课团队为我们奉献了精彩纷呈的初中合唱课例展示。受江西省教研室音乐教研员杨文立老师委托，让我在此对这次参加 2021 年江西省初中音乐合唱优秀课例现场展示活动进行点评，在这里抛砖引玉，不当之处还请批评指正。

2021 年江西省初中音乐合唱优秀课例现场展示于 2021 年 12 月 1 日至 3 日在南昌三中青山湖罗家校区举行，本次初中音乐现场展示的课型是命题作文——合唱，选手们分别自选《踏雪寻梅》《西风的话》课题进行同课异构。

这些合唱课题是我们平时实际教学中不敢上或者跳过的环节，在教学中是非常难以完成的，因为它涉及一些音乐专业方面的训练，而我们的初中生由于小学音乐基础、音乐素养不扎实，因此到初中后难以完成，这是一个现实情况，但是我们不能因为有这样的困难，就不解决，这也是这次我们采取合唱教学这种课例现场展示的目的，想通过大家的集思广益，想出一些妙招，解决在现实合唱教学中遇到的这些难题。通过一天半的展示，我们看到很多参赛教师背后的磨课团队还是想到了很多办法，实际效果也是不错的。下面我从以下五个方面与同人进行交流。

一、注重核心素养呈现

我们首先要挖掘音乐合唱教材中的一些美育要素，设立切实可行的教学目标，特别是要考虑到学情，以及教师各自的专业特长，采取不同的教学手段，注重音乐学科核心素养的音乐审美、艺术表现、文化理解三个层面，从而达到不同程度的课堂呈现。

我们观察到部分参赛教师的音乐专业素养得到了完美呈现，例如，有的教师嗓音非常甜美、字正腔圆，甚至达到了播音员专业水平；还有的教师钢琴正谱弹唱、二胡、小提琴、大提琴，有大部分教师都采用了课堂小乐器，如木琴、陶笛、铃鼓、三角铁、风铃、双响筒等，这都是一些有效的辅助手段，它们可以在很短的时间内解放教师，帮助学生达到第二声部音准的聆听。

还有个别教师让学生尝试应用生活中的声音，如铃铛声、风声、雨声等，大胆地进行编创尝试，我觉得这是很可喜的。但是绝大部分教师还是不敢放手，从头到尾教得很辛苦。由于授课教师都戴有扩音器，我们听到有的教师演唱的声部音量太大，学生的声部音量很小，学生难以用相互倾听的方式去享受合唱中和声带来的美感。

实际上，我们的合唱教学首先要建立和声这个概念，师生之间、生生之间相互聆听，而不是教师的独角戏，学生跟着教师转。大部分教师还是不太敢放手。另外，还有一些教师用了现代教学技术，现场录制学生演唱的作品并当场反馈，这种形式也是比较新颖的。学生一般在课堂上可能很难听到自己演唱的声音，"原来这是我唱的，好不好听？哪个地方没唱好？"学生会立刻想到以上这些问题。有的教师还能借助课例题材如《西风的话》歌唱中的"红叶"，2021年恰逢中国共产党成立100周年，教师拿出在校园操场上拾起的红叶，激情澎湃地朗诵革命先辈的诗篇，激发学生的爱国情怀。总的来说，每堂课都有各自的出彩之处。

二、重视课堂生成解决

下面谈一谈不足之处。首先是大部分教师还是为了在40分钟内完成教学任务，一个环节接一个环节地进行，忽略了学生真正的课堂生成，包括一些错误都没有及时去纠正。比如，学生回答出音乐里面没有的乐器，教师不能简单地回复"这段音乐里面没有这个乐器"，这个音色怎么怎么样。特别是当学生回答出一些错误的音乐专业内容，授课教师还是要及时纠正，并给予正确的解答，这是很重要的一点。

第五辑 我们的言为心声

另外，作为合唱教学，实际上它是声乐的一种演唱形式，但是很多教师并没有注意到这一点。我们都知道声乐首先需要气息训练，要调整歌唱状态，还有很重要的一点是声部之间的纵向音程协调训练。我们欣慰地看到有教师在教学中设置了发声练习，当然它是不露痕迹的，毕竟我们不是专业乐团训练，不是合唱队，也不是合唱兴趣课，这个大家一定要有区分。

如何解决合唱中音程的纵向协调感觉呢？大部分课例中纵向的听力训练方面都不够，那如何解决呢？我想首先要多听。我们知道音乐是听觉艺术，只有建立了正确的和声感，学生才知道如何唱好这个和声作品。此外，大部分授课教师还是以自我为中心，留给学生自己思考探索的余地以及课堂的留白还不够，还是有我们所说的教师"满堂灌"这种现象。

虽然授课教师的声音很美，但我们还是要以学生为主。教师是导演，演员是学生，而这里我们看到很多教师是演员，学生如追星粉丝一般跟着授课教师转。有的课例对音乐核心素养的探究深挖得不够，很多东西停留在表面，没有一个完整的设计框架，也就是我们说的思维导图。有的教师一开始上得很好，但是中间几乎就会感觉时间过得很慢，为什么？就是因为还没有将教学设计与学生现场反应融会贯通。我们的教学要讲究怎样解决重难点，一层一层由浅入深地过渡，这个教学梯度要有呈现，而不是像我们常规课按部就班地进行，这是优质课的现场展示，不同于常规课。

三、注意专业术语表述

音乐专业术语这个方面一定要注意。有部分授课教师不太规范，比如，说节奏快慢怎么样？我们知道快慢是速度。还有说请同学们来看看图形谱。我仔细看了一下课件，看了半天才知道授课教师的原意是让学生看看作品的旋律线，我们都知道图形谱与旋律线是两个完全不同的概念。我们还看到很多课件谱例不太规范，如有的作品谱例上没有调号，我得仔细看这个调到底是什么调，但还是没有看到调号，可能教师把这个调降了，怕评委看到降调会扣分。我们还是要规范使用谱例。一个曲谱的要素是很规范的，这要注意，很多教师就连起拍固定节奏都没有交代。有一部分老师是随意地起拍，随意地唱，教师都没唱对。所以我们要养成固定的起拍，并且要用钢琴的固定音高给个音，或者提前录好。有些教师提前录好了，授课时解放双手，可以调

整学生。看前面有几位教师都是已经提前录好了标准音及钢琴伴奏，这就不需要在现场弹奏，如果授课时一边弹奏，一边指挥，是没有办法分身的。可见细微之处就能充分体现教师的教学设计与集体智慧。

四、避免合唱教学误区

现在来谈一谈合唱教学误区。首先要明确音乐常规课不同于合唱团的专业训练，也不同于合唱社团的活动，而是普通教学班的音乐课，只不过教学内容是合唱作品，不同于以前单声部的音乐作品，当然也不是说把两个声部单独教会了再合起来练。和声感觉一定要从课一开始就要建立纵向的听觉，我觉得这一点是非常重要的。

此外，还有音准问题。因为合唱作品中最难的就是声部之间音色协调、音准和谐，这要靠授课教师的教学智慧去解决。很多教师还是用了过多音乐之外的要素去解释音乐。要知道，音乐本身就是文化，这个文化不能理解为音乐之外，音乐本身就是有内涵的。音乐课还要用音乐要素去诠释音乐作品，过多的或者不恰当的比喻，比如用绘画、文字描述等很多不恰当的比喻是不合适的，音乐有它本身的要素及素材，可以完全从音乐的角度去诠释音乐作品。

另一个就是如何达到技术和艺术的完美，实际上就是我们说的教学难点，因为我们此次赛制是同课异构，所以从另一个侧面可一目了然地看到选手们的教学策略异同、教学效果的大相径庭，这也是我们常说的"外行看热闹，内行看门道"。

五、感受合唱艺术魅力

我们要感谢省教育厅教研室音乐教研员杨文立老师，她在过去几年利用"赣州杯"这个展示平台，提供了我们音乐教学一线难点、困惑等教学中很难胜任的作品，使全省的音乐教师克服现实中的一些困难，大家集思广益，通过这个平台，发现集体的教学智慧。实际上我们的音乐教育中也要注意价值导向。通过音乐课的学习，学生能在社会生活中知道如何了解美、欣赏美、鉴别美，并且在音乐课后还能去寻找、去欣赏优秀的作品，自愿走进合唱作品的世界，这样就是成功的音乐教师了。

2021 年吴海芳在省初中音乐优秀课例现场展示点评

追梦夕阳红

——2019年9月九江市老年大学开学典礼优秀教师代表发言

江西省九江市第七中学　吴海芳

尊敬的各位领导、老师、学员们：

大家上午好！

年年岁岁花相似，岁岁年年人不同。在这硕果飘香的9月，我们满怀喜悦之情迎来崭新的学年。请允许我代表九江市老年大学68位教师向在座的全体学员表示最热烈的欢迎并致以衷心的祝贺！

今天的老年大学校园因为大家的到来而格外喜庆。曾几何时，你们都是各行各业的骨干和精英，都在工作岗位上创造了辉煌的成就，为社会贡献了自己的青春和力量。但一旦退休下来，难免在生理、心理上有太多无所适从，甚至一度与孤独寂寞为伴。然而从今天开始，这一切都将不复存在，因为你们重拾起儿时梦想，成为万千追梦人中的一员，你们选择了九江市老年大学，就是选择了精神的家园。

在这里，你们可以聆听到最前沿的信息，领悟到最深刻的思想文化，临摹出最美好的画面，唱出最动听的天籁之音。你们在这里求知、求美、交友、探索，九江市老年大学将是你们焕发人生第二春的一片沃土。

在老年大学教师的队伍里，我还只是一名新兵，能与九江市名家前辈一起从事这份社会公益工作，我倍感荣幸。今年即将迎来我在市老年大学任教的第三个年头，虽然我在九江市第七中学从事音乐教学近三十年，但从来没有想过有一天会站在老年大学的讲台上，在此也特别感谢九江市教育局、九

147

江市老年大学给了我这份特殊的教学经历，当然更要感谢我的 2017 级声乐班的所有学员对我教学工作的鼓励与肯定。

音乐家冼星海说过："音乐，是人生最大的快乐；音乐，是生活中的一股清泉；音乐，是陶冶性情的熔炉。"而美妙的歌声更是能够穿越万里，带给听众至美的享受。古往今来，有太多的优秀声乐作品值得传唱，在教学中，我往往会选择具有正能量、感染力，能够温润心灵、启迪心智的优秀作品。

在我的声乐课里，通过乐理知识、简谱视唱、发声练习、歌曲学唱等环节让学员们拥有正确的歌唱能力、提高演唱水平，最终达到音乐综合能力的提升。声乐演唱是一门舞台艺术，舞台演出实践经验能够快速提高学员的演唱技能，因此每堂课我都会鼓励学员们上台展示，这已成了我的课堂上一道亮丽的风景线。

常言道，教学相长。看到声乐班学员由最初的不敢开口唱到班级联欢时争先恐后地上台表演，参加学校元旦文艺会演时的精彩表演，学员们勤奋求学的精神、虚怀若谷的学习态度让我感悟，让我思考，"吾生也有涯，而知也无涯"，我想只有一个善于学习的国家，才能带来更多的希望。这就是我们今天新时代的老年人要的追梦人生，是我们要寻找的夕阳红风采！

2019 年是中华人民共和国成立 70 周年，我将和九江市老年大学所有教师一起努力做到言传身教，在课堂上传递真善美，讲好中国故事，教唱更多的中国好声音，让学员们在课堂上开心而来、满意而归。最后让我们携起手，共同追寻未来学习的精彩吧！谢谢大家！

吴海芳与九江市老年大学声乐班学员合影

情系母校，漫步乐林

——九江市第七中学优秀校友吴笈《漫步乐林》长笛音乐会主持词

江西省九江市第七中学　吴海芳

尊敬的各位嘉宾、老师、同学们：

晚上好！

首先请允许我代表学校向各位出席今晚感恩母校《漫步乐林》、九江市第七中学校友吴笈长笛音乐会表示衷心的感谢。

九江市第七中学创立于 1973 年，1992 年在全市高中首创艺术班，自 1995 年至今，已经向中国音乐学院、上海音乐学院、中国美术学院、中央美术学院等艺术名校及综合性大学输送了 23 届优秀毕业生。学校因此也被授予"江西省重点中学""江西省艺术教育示范学校""江西省中小学艺术教育基地""江西省第二批普通高中特色发展实验学校""厦门大学艺术教学实践基地"等称号。

2016 年，在新任校长李青的带领下，学校确立了"办一流初中教育，树高中艺术品牌"的发展战略，就在前不久，我校喜获了 2017 学年度九江市重点中学高中教学质量管理综合优胜单位，市直中学初中、高中教学常规评估优胜单位三块重量级奖牌。

我校的音乐学子们不忘家乡，不忘父母、恩师、母校的栽培，用音乐向他们汇报的事例在我校是一个光荣的传统。近年来，我校已有多名学生参加过由九江市文广新局、共青团九江市委、九江市关工委主办的九江学子新春音乐会的演出，分别是 2009 届考入星海音乐学院的叶丹丹，2011 届考入武汉音乐学院的彭亚、广西艺术学院的张璐，2013 届考入上海师范大学的查文庆、广西艺术学院的陈静怡、烟台大学的代立。她们说是九江市第七中学给了她们走进艺术殿堂的机遇，无以回报母校的栽培，唯有用自己的歌声、琴声感谢曾给予她们帮助的学校及老师们。

时光荏苒，岁月如梭，1997 年，吴笈考入我校高中音乐班。在校期间，她认真学习、刻苦钻研，积极参加学校各种文体活动，并得到九江学院张艺鸣教授、王春雷老师的精心传授。2000 年，17 岁的她顺利考入西安音乐学院音乐表演管弦系长笛专业。

2004 年，她以优异成绩毕业，获得文学学士学位及"陕西省优秀大学生"称号。毕业后，她就职于广西歌舞剧院交响乐团，并担任长笛首席。2013 年，她创立了广西乐林长笛乐团。她所培养的学生屡获国内外音乐大赛诸多奖项，并被众多音乐学院录取。此外，她还担任了中国音乐家协会管乐学会会员、中国长笛联合会理事、

感恩母校《漫步乐林》音乐会合影

世界华人艺术联合会广西分会会长等众多社会职务。

作为她的班主任，我想今晚的音乐会对吴笈来说意义重大，17 年前，她从这里走进大学艺术殿堂；17 年后，她饮水思源、感恩母校进行义务演出、义务培训。她曾对我校 5 名高中长笛专业学生进行了义务辅导。

我们希望有更多像吴笈这样优秀的校友回母校举办音乐会、专题讲座、专业培训等活动，传承我校"向美而行，乐在其中"的办学理念。此外，我要特别介绍一下，担任此次音乐会钢琴嘉宾的周进也是我校 2000 届考取星海音乐学院的优秀毕业生，担任长笛嘉宾的周珏是我校 2002 届初中优秀毕业生。在此也非常感谢为此次音乐会付出辛勤工作的台前幕后的领导及工作人员。最后预祝音乐会圆满成功！

教无止境，砥砺前行

——2015年江西省中学音乐优秀教学课例现场展示活动点评

江西省九江市第七中学　吴海芳

由江西省教育厅主办、江西省教研室承办的2015年江西省中小学（初中组）音乐优秀教学课例现场展示活动于11月3日至5日在上饶县七中举行。

非常感谢有这次观摩与反思的学习机会，受江西省教研室音乐教研员杨文立老师委托，让我在此对这次全省中学音乐优秀教学课例现场展示活动进行点评，首先要说明一下，我结合了中学组11位评委的观点，由于本人水平有限，不当之处，还望大家批评指正。

此次课例展示活动的赛制十分新颖而独特，赛前，教师不与学生见面，教学时间也调整为每节课40分钟。这样高要求、高难度的比赛对选手来说可是一次从未有过的挑战，是一次近乎"国家级"的赛课体验。

来自江西省各地市的11位选手展示了各自过硬的教学基本功，有江西地方音乐传承的《斑鸠调》、浓郁地方特色的《凤阳花鼓》、青春洋溢的《青春舞曲》、经典中外音乐作品《动物狂欢节》《春节序曲》、异域风情的《走进非洲》等。

比赛虽已结束，但留给大家许多思考，下面和各位共同探讨交流。

一、音乐课的定位

作为一位音乐教育工作者，要明确音乐课的定位，先秦时期的孔子就提出："移风易俗，莫善于乐。"他深刻地感受到，高尚的音乐对健康的社会风气的引导、对人道德修养的培养、对社会陈规陋习的改变都有着潜移默化的重要作用。

我们要让每位学生走出音乐教室后都能记住音乐课留给他的音乐体验等。音乐课最核心的是审美和人文素养，培养学生具备鉴赏美的能力。要知道，音乐课是学生德智体美劳全面发展不可或缺的一环。由于中高考指挥棒等因素的影响，目前美育是块短板，是极其薄弱的。2020年10月，教育部出台了《关于全面加强和改进新时代学校美育工作的意见》，提出所有学校要在三年之内开齐开足美育课程，并将美育工作的开展情况纳入学校的综合考核中。

二、师生的定位

在音乐课上，师生的定位如何可以反映出教师是否正确领悟了音乐新课标精神。新课标已经出台四年之久，而广大的音乐教师真正吃透了其精髓吗？新课标要求教师应是一名出色的导演，以全体学生为主体，调动其音乐潜能，在课堂上，师生合作、生生合作，体验创作音乐之美。虽然学生的作品可能是不完美的，但它确是独一无二的学生们的原创，是他们对音乐的自我体验，这是多么珍贵呀！例如，景德镇第一中专张超老师的《走进非洲》这节课就充分体现了教师对学生音乐创造的挖掘，如让学生给自己部落起名字，让学生用节奏等音乐要素分组创编四种不同的情绪。九江市十一中的户佐凤老师上的也是这一课题，但是她突出对学生第三声部节奏的创编，强调的是让学生体验音乐的和声效果。当然，还是有些音乐课出现了教师"一言堂"现象，而且音乐课的本位缺失，课的内容涉及面太广，学生上课如坐针毡，下课铃一响，学生疾呼："我的天哪，终于下课了！"试问这样的音乐课能让学生喜欢吗？

一节好课一定是在环环相扣的有效的音乐实践活动中形成的，重视学生兴趣与参与，突出音乐本体、表现音乐的美的课，知道学生想什么、需要什么、想得到什么。教师的设问、表情、教态都应以学生为出发点，课程观一定是由以教师为中心转变为以学生发展为中心。绝不是教师在唱独角戏，学生多处于被动接受状态。

三、教师专业素质有待提高

众所周知，音乐教师的基本功有：乐理、声乐、键盘、自弹自唱、合唱指挥等，首先我们应该根据自身专业优势仔细分析，扬长避短，并根据自身优势量身定做出"一专多能"的专业成长目标，业余时间通过勤学苦练、拜师求艺等途径，逐步胜任音乐教师的岗位要求。

　　全国中小学音乐教师基本功大赛每三年举办一次，自下而上选拔进行。音乐课上，教师应该发挥个人魅力，展现个人专业技能，直观地让学生感受音乐，引导学生对音乐产生兴趣。例如，宜春市袁州学校郭秋晴老师青春洋溢的《青春舞曲》歌曲范唱，充分展示了该教师的声乐功底。来自南昌二十四中刘婷老师的《斑鸠调》充分体现了她对江西民歌、采茶戏等地方音乐文化的挖掘与传承。来自丰城市孺子学校的吴桢老师的《动物狂欢节》，始终用贴切的身体律动展示音乐要素的变化。我们也看到有些教师的专业素质有待提高，如教师的范唱音准、音乐专业术语错误，播放音乐时干扰学生聆听，关音乐时很随意，随意更换歌曲的速度、调性等。

2015 年吴海芳在江西省中学音乐课例现场展示点评

　　一位优秀的音乐教师应不断反思调整自己的状态，大部分学生表示在音乐课上不仅满足唱唱歌、听听音乐，还需要音乐教师有渊博的知识，能旁征博引，使学生在音乐的海洋里遨游，从而提高综合的文化素养。我想无论是参赛者还是观摩者，每次都是一次教学心灵沟通的学习机会，思想的火花在交织、碰撞与升华。教师只有不断学习与充电，才能为学生终身热爱音乐、热爱艺术、热爱生活打下良好基础。

享受阅读快乐，谱写诗意人生

——《阅读分享》交流发言稿

江西省九江市第七中学　吴海芳

尊敬的各位领导、老师们：

下午好！

十分荣幸能有与大家一起分享阅读心得，由于个人水平有限，只能起到抛砖引玉的作用，不足之处还请大家批评指正！

繁忙的工作之余，大家都会选择一些喜欢的休闲方式，如健身、骑单车、广场舞、练字等娱悦身心。作为教师的我们，当然也有人像我一样静下心来选择一本好书、喝上一杯香茗度过休闲时光。

下面我将通过为什么要阅读、阅读什么、怎样阅读，与大家进行交流分享。

一、为什么要阅读

有人说教师从事的是一辈子研究人的学问，足见教师职业的特殊性。在英国教育家怀特海的《教育的目的》这本书中，他指出教师面对的是有血有肉的学生，教育的目的是让学生充满梦想与激情面对生活。通过阅读这样的教育经典书籍，让我们从"不忘初心，重拾初心"出发，再次深入思考教育的目的是什么？何为教育？教育何为？

时代进步需要每个人终身学习，作为教师就显得更为重要，三十多年的教学生涯，我们与学生的代沟会越来越大，如果我们不及时充电，课堂上将会随时被学生问得哑口无言。古人说，"读书破万卷，下笔如有神"，阅读还是教师专业成长的必由之路，在阅读中，我们能够找到良师益友。人们常说，"腹有诗书气自华，最是书香能致远"，阅读能够让我们不断地通过审美，拥有欣赏美的眼睛，提升自身的审美情趣，达到高雅脱俗的境界。

二、阅读什么

既然阅读对于我们如此重要，那怎样阅读才能使得阅读价值最大化？

首先是经典阅读。中外名著、国学，阅读文学名著及国学可以让我们开阔眼界，增长见识，陶冶情操，启迪心灵和智慧，让我们拥有正确的人生观、价值观。

其次是专业书籍的阅读，也就是我们的专业及教学类书籍。作为任何一门学科专业的教师，应该具有与其专业相配套的"专业知识结构"。此外，教师还需要大量地阅读教学相关书籍，而拿起课本、教参书就奔向教室上课，从不参考各家的观点，从不收集各家的方法，从不借鉴各家的实践，这样闭门造车设计出来的教学是很难"智慧"的。

苏联著名教育家苏霍姆林斯基的《给教师的建议》、日本佐藤学的《静悄悄的革命》这两本书的共同点是都不是讲宏大的教育理论，而是从具体生动的教育教学实例出发来谈，可以非常具体地知道如何做教师、如何进行教育教学、如何对待学生等，这些都是教师每天都要面对的问题。

最后我们可以根据自身的兴趣及对生活中的困惑进行拓展阅读。例如，喜欢智力游戏的朋友一定会经常阅读棋谱、编程等书籍；喜欢烹饪的朋友一定会研读各种菜谱。而当我们遇到生活中的难题时也会去收集相关的书籍阅读，知道解决棘手问题的办法。

三、怎样阅读

读教育类书籍的过程其实也是一个反思自己教育教学行为的过程。阅读中带着问题，阅读与反思结合，会让我们更快地找到答案。

阅读要与实践结合，学以致用，分析自己的强项与弱项，明确自身需要改善的方向。美国教育界流行着一句话，"网上能搜索到的东西，不需要老师在课堂上讲"，否则，老师只是知识的搬运工。在信息化铺天盖地的今天，教师必须是带着他的全部阅读走进课堂，教师只有具备复活知识的能力，才能让学生拥有活的知识，才能让学生发现、运用知识并最终创造新知识。

阅读要与教研结合，化解难题，研究的对象及问题就在自己身边。阅读其实就是在和大师对话，有的可能会产生共鸣，有的可能会引发我们的思考，有的会让我们知道自己的渺小，阅读的过程也是寻求日常教育教学中棘手问题的锦囊妙招，何乐不为呢？

俗话说，"好记性不如烂笔头"，我们还要养成阅读的同时并记录的习惯。记得我刚参加工作不久，喜欢阅读的我除了自费订阅音乐教学相关报纸杂志外，还常常在学校图书馆借阅《音乐周报》《中国音乐教育》等报刊，并分门别类将阅读到的创新教学理念、好的教学设计及音乐课题研究好文章逐一摘抄在笔记本上，累计下来居然有十几本，至今我家都还保存着这些宝贝，几次搬家都不舍得丢弃。要知道，三十年前信息还比较闭塞，音乐教学资源更是屈指可数。当我在教育教学中遇到困难时，便从书架上拿出翻阅，说不定就能找到灵丹妙药呢。当然，现在随着信息技术的普及及物质条件的改善，QQ、光盘、电脑、博客、微信、公众号、慕课等层出不穷，我们阅读也不再限定于纸质报刊，电子版、有声版，甚至文字语音互换都是转换自如。虽然现在我们阅读非常快捷方便，但是快节奏的工作、生活频率往往使大家静不下心来读一本书。

我相信在座的同人都知道，网络上流传着"一群不读书的老师拼命教书，一群不学习的家长拼命育儿"这样一句话，说明现在很多教师不读书或者很少读书。对于本来以教书育人为己任的教师，应该是给学生一瓢水，自己要有一桶水。出现这种问题的症结在哪里呢？我想主要是目前在中国教育中高考指挥棒的作用下，学校关注的是学生升学率，教师关注的是所教班级学生成绩、自己与同年级学科教师间的均分正负分，因此放松了自身的再学习与发展。其次参加工作之后不像在象牙塔里，许多生活琐事、社会竞争等导致心情浮躁，静不下来了。最后由于缺乏集体阅读的氛围，觉得阅读太浪费时间，还不如休闲娱乐。苏霍姆林斯基在《给教师的建议》一书中也说："一些优秀教师的教育技巧的提高，正是由于他们持之以恒地读书，不断地补充他们的知识的大海。"阅读应该在教师队伍中蔚然成风，因为这是提高自身素质的必由之路。

现在学校给我们订阅了很多报纸杂志，配备了古色古香的书吧，我想我们应该在国家大力倡导"全民阅读"、全面建设学习型社会的当下，不仅做"全民阅读"的参与者，还应该是校园阅读的组织者和家庭阅读的指导者。只要阅读与课堂教学结合，分析自身的优缺点，找到改善的方向与途径，并付诸行动，日积月累，一定可以形成教学个性。这样就能做一个有方向感、专业感、智慧感的成功教师。

教育部原总督学柳斌说过："一个不重视阅读的家庭，是一个平庸的家庭；一个不重视阅读的学校，是一个乏味的应试的学校；一个不重视阅读的民族，是一个没有希望的民族。"以读促学、以读促教、以读促研。我们在阅读中可以促进学习、促进教育教学、促进教学研究，阅读能让我们的课堂充满智慧，能点亮我们的人生。

老师们，让我们与书籍为伴，让阅读成为习惯、乐趣、责任、时尚，在阅读中体验"漫卷云舒、洗涤情怀"的快乐，开启教育生涯的心灵之旅，我们的课堂必将充满智慧、我们的教育将一路书香。

让我们都静下心来，从阅读中享受快乐，谱写诗意人生！

吴海芳北京游学间隙

分享交流，助推课题研究

——九江市第七中学课题管理工作经验及展望

江西省九江市第七中学　吴海芳

各位领导及同人：

大家好！

很荣幸能有机会与各位专家在一起就课题研究工作进行探讨和交流。"听君一席话，胜读十年书"，今天聆听了大家就学校课题各方面的经验，使我备受启发。下面我就我校课题管理工作及展望向各位进行汇报，不当之处还请各位批评指正。

一、课题研究基本情况

我校创办于1973年，是城区五所省重点中学中最年轻的艺术特色学校，学生近2000人。教师138人，高级职称78人，省市名师36人。教师平均年龄43岁，40岁以下教师44名，占全校教师总人数的1/3。随着新课改的不断推进，对教师的角色提出了从教书匠转变为研究者的转型要求。

下面汇报一下我校自2007年至今课题研究方面的数据，虽然课题研究科目涵盖所有学科，但课题数量不多，目前省市级课题共计18项。其中省级课题9项，已成功结题的有7项；市级课题9项，已成功结题的有6项，基本上能够保证每年有1~2项省市级课题立项或结题。但由于各种原因，有个别课题立而不结，如有的课题研究时间达五年之久，尚未结题。

以上现象反映出我校教师参与课题研究的积极性不够，愿意从事课题科研工作的教师也呈现青黄不接的现象。一方面是有丰富的教学一线经验，又具备进行课题研究的教师大都人到中年，并已评高级职称，对做课题没有内驱力；另一方面是有些想从事课题研究的青年教师缺乏教学科研的基本素养，并缺乏这方面的专家进行面对面的指导。虽然省市课题办每年 3 月、10 月有两次课题立项、结项机会，要申报课题的教师们需在寒假及暑假期间提前进行课题申报材料的准备工作，但是大部分教师每天忙于教学、批改作业等事务，静下心来做课题研究的时间实在不多。

二、课题研究经验做法

我校的课题研究还处于有待提高阶段，也就谈不上什么经验做法。主要是依托有课题研究能力的教师，充分调动愿意做且有能力做课题教师的积极性。充分利用教研组、备课组资源，以老带新，按照教师的专业特点及能力做好课题研究过程中的分工与合作工作的指导。充分发挥跨学科找共性等特点，提倡学科间的合作，如我校有 1/3 的课题是这种模式。还有利用国家级、省级优质课题资源申报子课题，能做到最大限度的资源共享，快速提高教师的教科研水平。当然我作为学校课题管理的经办人，也尽量做到身体力行，在我校教师的积极配合下，我先后完成了"艺术特色学校音乐课程体系的建构"等 6 项省级课题的研究，并且我校作为实验学校正在参加由市教科所音乐教研员黄晓葵老师主持的省级课题的研究。

三、课题研究存在的问题

（一）课题研究与教育教学的实际脱节

有的教师片面地理解课题研究必须"高大上"，所选的课题内容空泛且庞大，没有真正从自身平时的教学困惑中选题，没有做到为教学一线服务，而是盲目效仿别人，研究过程必然脱离教学实践，也就缺乏有力的事实论据，所谓的教研成果因操作性差，很难得以结题及推广应用。

（二）教师缺乏专业的教科研指导，科研水平不高

大部分教师对教育科研存在高深莫测的神秘感，认为那都是大学教授研究的，对课题实施的过程、方法等缺乏基本能力，大多数材料停留在简单的教学表面层次的描述上，没有深入数据分析、量化及质化的对比等科研手段，

再加上由于缺乏专业的教科研指导，导致课题科研水平不高。

（三）课题研究的内外环境的不良因素

大多数教师由于受实用主义、经验主义、形式主义等不良因素的影响，出现了为评职称或评优选模而进行课题研究。学校方面也只是重视目标考评中课题得分情况，也就出现了重视课题立项，轻视课题研究；重视课题结题，轻视课题研究过程；重视课题获奖结果，轻视课题经验推广等不良因素。

四、课题研究工作展望

（一）学校要搭建发展平台

教师的发展是学校的首要任务，促进教师专业化、内涵式发展必要的途径之一是对教学过程中出现的问题——也就是"课题"进行反思，最终升华为课题研究。学校要把课题发展的保障制度纳入学校发展规划中，要做到经费保障，有专项经费投入，用于课题师资培训、购买研究资料等。对已经批准为省市级课题立项的课题组发放一定的课题活动经费，以便于课题研究活动的开展。建议学校开展"科研年会"，表彰优秀课题组、科研先进个人、优秀科研论文等。要激发普通一线教师积极参与教科研工作，改变功利现象，先要提高教师科研意识，只有教师进行科研，才能获得持续发展的能力；只有做到终身学习，才能提高自身的专业化发展；只有教师的发展在前，才有学生的进步成长，才能达到学校的整体发展。教师要努力成为教学研究的先行者，确立科研的主体地位，不断反思教学行为，以解决教学实际中的问题为课题进行研究，才能做到有的放矢。

（二）完善教师成长的激励机制

学校应当通过激励机制为教师参与教科研营造良好的环境，可将教科研与教研组考核、教师绩效评优等挂钩，开展教研论坛、课题展示等活动，多方面展示教师的教科研能力，给予科研成果突出的课题组或教师以相应的待遇。学校要提倡"研究者自我发展"的观念，为自身的发展而研究，要完善教师成长的激励机制，如果每位教师都能以适合学校及个人发展的课题进行研究，那就可以为教师个人形成教学风格、学校形成办学特色奠定基石。

（三）倡导课题研究开放与合作

加强与江西省教育学会、九江市教育学会、《江西教育》等的沟通和联系，充分发挥我校作为会员单位的优势，为我校教师在论文评选、发表方面提供平台。加强教师教科研群体意识的提升，可以通过校内合作、跨校合作、跨区域合作，打破校际、学科界限，以学校学科名师为引领，以老带新，促进青年教师快速成长。加强与师范院校、教科研单位的协作，共同开展项目研究，做到专业研究人员与一线教学工作者之间合作，使两者在理论背景、研究技术、教学实践之间做到优势互补。

吴海芳为省国培音乐学员授课

拥抱梦想，圆梦七中

——九江新闻广播《名师来了》栏目访谈稿

江西省九江市第七中学　吴海芳

江西省九江市第七中学是一所以艺术教育闻名的全日制公办中学，帮助了众多拥有梦想的学生走进艺术殿堂。近年来，随着艺考人数的不断增加，大众对于艺考的认识总是蒙着一层神秘的面纱。我受九江广播电台《名师来了》节目邀请，做了一期《音乐之艺考路》访谈节目，现将节目内容整理如下，以飨读者。

一、请您介绍一下学校目前情况及近年来音乐艺考情况

我校创办于 1973 年，2009 年被评为"江西省重点中学"，2012 年 12 月，我校移交九江市教育局管理，2016 年，在九江市委、市政府和市教育局的关心领导下，以李青校长为首的新领导班子提出了我校新的办学思路："办一流初中教育，树艺术高中品牌"。2016 年，我校成为教育部命名的全国足球示范学校、江西省第二批普通高中特色发展实验学校，我校成功接待了芬兰卡亚尼市政府代表团，顺利通过了国家督导组义务教育均衡发展检查，并受到了督导组的高度肯定。在 2016 年教育局市直学校目标管理考评中，我校"确立新思路、出台新举措、打开新视野"等十个方面的汇报材料受到了考评组盛赞。

近年来，我校音乐专业联考中成绩突出的学生有获得江西省音乐表演专业总分第三名张柳，获得江西省联考小提琴小专业第一名熊晴晴；参加音乐

专业校考成绩突出的学生有获得长春大学、广西师范学院第一名孙静雯，获得华南师范大学第一名张柳，获得浙江师范大学第一名张紫安。2016年江西省音乐联考方面，唐星获得中提琴小专业第二名。外省专业校考方面，熊柏跞、居亮获得武汉音乐学院专业合格证、王梓腾获得长春大学第一名、李心怡获得广西师范学院第一名、熊柏跞获得云南艺术学院第二名。据统计，我校音乐专业本科合格率已经连续六年均百分百。

二、什么样的学生适合走音乐这条路呢？学习音乐今后的发展方向有哪些呢？

首先，学生要有学习音乐的高度兴趣，我们常说，"兴趣是最好的老师"；其次，学生还要具备一定的音乐基本素养（如乐感、听力）；最后要有家长的积极配合。关于就业方面，很多人认为音乐就业面很窄，其实不然，英国诺丁汉大学对音乐系毕业生调查数据显示，共有以下十类音乐就业方向。

（1）宣传部、教育局、文化厅等公务员。

（2）演艺经纪公司、广播电视局等事业单位。

（3）各级各类学校音乐教师。

（4）音乐节目制作、唱片公司后期制作等传媒类。

（5）影视剧声音艺术设计、舞台音响导演等工程类。

（6）音乐工作室、琴行、艺术学校创业类。

（7）品牌乐器代理、唱片行销售类。

（8）乐器制作、维修、音乐书籍编辑制造类。

（9）音乐编辑、音乐广播电视节目策划娱乐类。

（10）演奏、演唱、舞蹈演员、乐队指挥表演类。

三、学习音乐是不是要花费很多金钱？七中对于音乐生的培养是什么样的情况？

一般人会认为学习音乐是高消费，但我校是一所公办中学，自1992年高中招收音乐专业学生至今，都是秉承着"艺术平民化"的办学理念，收费方面完全是按照市教育局、市物价局的相关规定收取。

在音乐课程方面，我校严格按照江西省音乐联考大纲设置课程，分学段

第五辑 我们的言为心声

开设声乐、钢琴、乐理、视唱练耳、音乐鉴赏等。

高一学生入校后根据学生音乐素养、兴趣爱好、家庭经济条件等因素进行分类，我们音乐教师根据学生的音乐基础自编音乐校本教材，做到因材施教。音乐专业的特点是要通过多次的艺术实践与舞台表演来加强专业感染力。学校在这方面充分提供机会锻炼学生。比如每年的学校艺术节、元旦文艺会演、省市艺术展演、音乐学生专业汇报音乐会、高三学生联考模拟音乐会、拥军慰问演出等。2016 年，我校合唱《赶牲灵》获得江西省第四届中小学生合唱节高中组一等奖，戏剧《守护天使》获得江西省第二届中小学生戏剧节高中组二等奖。在这些艺术活动中，学生的专业表演能力得到了锻炼与展示，更重要的是体会到了成功的快乐。正如苏霍姆林斯基在《给教师的建议》中所说，学习中体会到成功的快乐就是一种巨大的教育力量。

此外，我校根据音乐师资特点及学生兴趣积极开展丰富的课外活动，开设了舞蹈、合唱、小提琴、萨克斯、钢琴、电子琴双排键等课程，供学生自主挑选。成立校合唱队、舞蹈队定期开展训练，这样不但促进了学生音乐核心素养的发展，也使学生能以更充沛的精力和良好的心态投入学习当中。

为了让我校高三考生提前了解省联考规则，提高专业应试能力，我校每年都会提前进行高三音乐专业省联考模拟。音乐组教师认真命题及阅卷，考试科目为乐理、视唱练耳、音乐鉴赏、声乐、器乐五科，考试范围及方式以江西省音乐联考大纲为准，特别是音乐专业术科模拟考试，要求高三音乐学生每人进行声乐、器乐表演。音乐教师对联考中术科要求进行即兴点评，高三音乐专业学生和家长以及高一、高二音乐学生及部分家长参加观看，并鼓励他们也可上台表演，此项活动促进了高三音乐学生勤奋备考和优良的应试心态，得到了学生和家长的好评。

四、您带的这么多音乐艺考学生中，有没有让您印象深刻的？

我校经过二十多年的艺术教学实践成果证明，没有音乐基础完全可以学音乐。我校 2014 届音乐毕业生宋福同学真是一张白纸入校，他来自九江市的一所郊区中学，从没有见过音乐课本，更别说上过音乐课了，但是他很有音乐的学习兴趣与认真吃苦的学习态度，不懂就问，勤学苦练，加上我校两年半的正规专业训练，在师生的共同努力下，他以全省专业第一名的校考成绩被湖北省工业大学音乐学专业录取，听说他还是学校的学生会主席呢。

我校还有很多毕业后发展得很不错的学生：考取上海音乐学院的付力同学，现在上海歌剧院担任双簧管首席，经常代表国家参加世界各地巡回演出；考取中国音乐学院声歌系的董媛；考取西安音乐学院声歌系的张茜西、吕莹、王贞，单簧管专业的陈凡，考取武汉音乐学院声歌系的蒋涛，考取星海音乐学院作曲系的梅佳琪等，分别在北京联合大学、湖南吉首大学、江西师范大学、九江学院、九江职业大学等高校任教。

五、大众对于音乐艺考的认识还是有限的，请您介绍一下音乐的艺考流程

首先来谈一谈报名方面，大概每年11月报名，先报文史类或理工类，再兼报艺术类专业种类。专业考试方面，参加音乐艺考的学生都需参加二次专业考试，首先于每年12月在江西科技师范大学（枫林校区）参加江西省音乐联考，考试由笔试与面试相结合，考试内容包括声乐、器乐、舞蹈、乐理视唱练耳、音乐鉴赏。考试时间为十天。

其次大概正月初六在南昌参加外省音乐各校专业校考，近年来，为了切实减轻艺术类专业考生学业、考试和经济负担，江西省教育厅规定外省其他本科高校原则上要直接认可和使用江西省统考相应层次的专业成绩，逐步减少校考学校数量，缩短校考时间。

由于音乐二次专业考试都在南昌，大部分家长由于工作原因，不能陪同，因此为了解决家长的后顾之忧，我校每年在江西省联考、外省校考之前制定专业冲刺时刻表、校考信息发布会、专业带考。学校安排副校长带队，年级组长、班主任、专业教师等各自分工负责好乘车、报名、住宿管理等。专业教师做好考试分析，根据学生专业、文化实际水平建议学生报考适合自己的学校及专业。

记得前几年我还多次深入音乐校考声乐考场一线为我校音乐学生现场伴奏，由于两年多的朝夕相处，师生之间都已经非常默契，学生也不用担心伴奏中途出问题，时间允许的话，我还帮助学生进行开嗓发声训练，绝大部分学生能正常或者超常发挥。记得有一次我给我校几个学生伴奏完出场后，考场中场休息，考官过来询问我们学校及考生情况，看来我们的合作得到了考

官的肯定。填报志愿是艺术生面临的最后一道关卡，志愿填报的质量决定着被录取的概率，我校有专业团队指导学生报考，严把填报的质量关，确保学生顺利录取。

人们常说："如果你是金子，烧得越久，就越会发光发亮；如果你是煤炭，即使烧得通红，也免不了灰飞烟灭。"一个人成功与否，环境固然重要，但最重要的是你自身的质地。艺考求学路艰辛，追逐梦想总成真，祝愿所有的艺考生梦想成真！

吴海芳接受九江新闻广播电台采访

九江广播电台"赣北之声"——
《教育面对面》栏目采访稿

江西省九江市第七中学　吴海芳

2015 年高考录取已经落下帷幕，作为艺考的学生和家长都十分想了解有哪些艺考攻略，我受江西省九江广播电台"赣北之声"——《教育面对面》栏目邀请，做了一期访谈节目，现将节目内容整理如下，以飨读者。

一、请您对2015年音乐高考做一下评析

2015 年高考录取工作已经全部结束，在茫茫的艺考大军中，竞争非常残酷，经过艺术专业考试和文化高考两轮的考验，能顺利突围考上大学的终究是少数。特别是近年来艺考政策全面收紧，各省文化课提档线和各院校的招生门槛不断提高，艺考生面临的形势非常严峻。在如此残酷的艺考环境下，我们该如何应对，避免落榜呢？以下为大家分享几点艺考攻略，希望可以帮到大家。

（一）重视联考，但不放弃校考

随着艺考新政的实施，统考的地位被大幅度提高，认可统考成绩的院校数量增多，所以一定要重视联考成绩。但是不要放弃校考，相反，由于统考"一试定终身"的弊端，适当地参加几个校考可以增加录取的概率。但在选择校考院校时，一定要根据自身的专业水平和文化课分数，结合目标院校历年的招生录取情况来进行筛选。

（二）提前备战文化课，掌握技巧快速提高

近几年随着文化课在招生录取中所占的比重越来越大，艺术生要想彻底征服文化课，三个月的时间显然是不够的。所以，艺术生一定要提前备战文化课，掌握技巧，短时间内直接针对考点复习，节省时间，提高复习效率。学习文化课不是艺考之后才应该注意的问题，在高三阶段的整个复习过程中都应该注意，10 月之前，专业集训还未开始，这个时期要多复习文化课，集训阶段，专业课占据多数时间，要利用课间间隙学习文化课，后三个月的冲刺阶段最为关键，要充分利用艺术生文化课专用教材，夯实基础，抓住重点，快速提高文化课成绩，特别是有学科（语文、英语、数学）限分要求的学校。

（三）填报志愿要重视第一志愿稳中求胜

艺术类录取大概分为提前批次（外省艺术类）、第二批本科批次（本省艺术类）、第三批本科批次、专科批次四个。每个批次录取结束前都会有一次征集志愿填报机会，主要是解决考生之间相互"撞车"的问题。2015 年艺术类提前批本科和三本省外院校最低文化控制线 200 分；艺术类二本和三本省内院校最低文化控制线 316 分，请大家注意这只是最低门槛，并不是代表最低录取分数线，而是根据各高校艺术专业在江西省录取名额，按照计算方式综合排名，最后一名考生的分数为最终录取分数线。

填报志愿是艺术生面临的最后一道关卡，志愿填报的质量决定着艺术生被录取的概率。艺术生填报志愿要以稳为主，重视第一志愿的填报，在现在的艺术类招生模式中，各大院校都会根据考生的第一志愿来进行录取。所以，对第一志愿的填报，考生要筛选专业排名较好的院校，结合自身和院校实际情况进行取舍，严把填报的质量。

（四）回顾2015年江西音乐专业统考

根据《国务院关于深化考试招生制度改革的实施意见》有关要求，江西教育考试院发布了《江西省 2015 年普通高校艺术类专业招生工作规定》。

首先是报名，先报文史类或理工类，再兼报艺术类专业种类，共有五大类：美术与设计学类、音乐学类、舞蹈学类、戏剧与影视学类、艺术类特殊专业。选报了音乐学类、舞蹈学类、戏剧与影视学类在种类栏目中选择一项，如需在这三个种类栏目再增报项目，需在联考前去江西科技师范大学现场办理增报手续。全省艺术类专业统考考点首次设置在江西科技师范大学，而自

2004年全省音乐联考以来，考点一直在江西师范大学，这一点希望大家要注意，艺术统考时间一般为半个月。

与往年相比，舞蹈学专业考试大纲进行了微调，对舞蹈学专业考生，取消《视唱模唱》科目考试，《乐理、练耳与音乐常识》使用乙卷，与音乐学类（音乐学专业、音乐表演专业）考生必考科目《乐理、练耳与音乐常识》分开制卷，即《乐理、练耳与音乐常识》（甲卷）适用音乐学专业、音乐表演专业考生，《乐理、练耳与音乐常识》（乙卷）适用舞蹈学专业考生。甲卷分值仍为120分，乙卷分值调整为100分。舞蹈学专业考试科目分值比例相应调整：《舞蹈表演、形象身高、基本功测试、动作模仿》专业考试成绩在总分中的占比由80%调为90%，《乐理、练耳与音乐常识》理论考试成绩在总分中的占比为10%。

江西省2015年普通高校招生艺术类专业统考其他专业考试大纲不变，参照江西省2014年普通高校招生艺术类专业考试大纲执行。专业考试严格要求，被誉为"史上最严格的艺考"，音乐学类、舞蹈学类、戏剧与影视学类笔试、面试继续在标准化考场进行或实行全程视频监控（或全程摄像）。部分面试科目继续试行评委电脑记分。评卷、评分工作要做到客观、公正、准确。笔试科目须由2人以上独立评阅并综合评定最终成绩；演奏、表演等面试科目须由5人以上组成专家小组进行测评并综合评定最终成绩，考试过程中的重要环节要有视频（或录音）及文字记录。考生专业考试试卷（或视频资料）须保留1年，以备核查。

下面说一下音乐小专业，指声乐、琵琶、二胡、小提琴、大提琴、低音提琴、笙、唢呐、长笛、双簧管、大管、小号、长号、圆号、舞蹈15个项目可按小专业招生。这些专业总分计算时只有主专业分数，避免了以往主专业考生由于乐理等小三门成绩低而拉低专业总分及排名，导致招不到主专业好的苗子的现象。如果考生是从小学习专业，也就是我们说的童子功，而且确定报考艺术类时间较晚，乐理等成绩不太好，可以走这个小专业试一试。

全省普通高校艺术类专业统一考试后，将分别按照当年省属高校和认可省统考成绩的外省高校艺术类本科、独立学院（三本）、"三校生"本科招生计划数的四倍划定本科院校、独立学院（三本）和"三校生"本科艺术类专业合格考生人数，以此划定专业合格线；报考外省高校艺术类本科相应专业资格线划定为：音乐学类、戏剧与影视学类等专业总分100分，舞蹈学类专业总分90分。2015年音乐学专业合格线134.96分，音乐表演专业合格线160.99分。

如果考生的省联考分数达到相应的合格线，在填报志愿时可以填报认可江西省联考成绩的学校。江西省还将精减外省高校艺术类专业在江西设点校考高校数量，并实行网上报名。校考分别在南昌大学、江西科技师范大学、南昌师范学院举行，校考时间一般历时一个月。

（五）2015年设点音乐校考工作特点

1. 提高了设点高校准入条件，高校数量得以有效控制。2015年设点高校大部分是独立设置艺术院校或具有艺术学门类硕士学位授权点及艺术硕士专业学位授权点的普通高校，设点高校数量仅占往年的55%左右。

2. 改革了校考报名方式，首次实行考生网上报名。这项改革可以有效提高工作效率，减轻考生、高校和考点现场报名的压力，降低考试风险，确保考试安全。

3. 调整了校考时间，首次由往年的春节后调整为春节前。由于2015年春节时间晚，如校考太晚，南方天气冷，不利于考试安全和考生发挥正常水平，大学考点也无法调整在校生的教学安排，关键是考生春节前完成校考，春节后可集中精力复习文化课。

4. 精减了校考考点数量，由往年4~6个精减为3个。2015年保留的校考考点，均为艺术类专业教学和组织管理能力较强的公办本科高校。

5. 严格执行《国家教育考试违规处理办法》。根据教育部颁布的《国家教育考试违规处理办法》（教育部令第18号），对考生在校考过程中有作弊行为的，其报名参加考试的各阶段、各科成绩均无效，即无论考生在哪一所高校校考中作弊，其参加所有高校校考的专业成绩以及省艺术专业统考成绩均无效，其高考文化成绩亦无效。

二、我们要如何确定孩子是否适合艺考

近年来，越来越多的人选择艺考，其实艺考并不是适合所有人，一定要衡量自身情况再做决定。目前艺考生大致分为两类：第一类为了学历，通过艺术专业，以较低的文化分考取本科，提高个人竞争能力，拓宽将来的就业

面（本科学历毕业后可以直接参加公务员考试，也可以直接参加研究生考试和出国留学），这也是大多数参加艺考的学生的目标；第二类为了梦想，毕业后，有意向从事艺术专业的对口工作，希望在艺术方面有所作为，这类学生往往怀揣着艺术的梦想踏上艺考之路。

三、 艺术院校及专业的选择有哪些要求

(一) 根据性格特长和兴趣潜能进行选择

每个学生都有自己的性格特长，有的性格内向，有的性格外向，有的表演能力强，有的设计能力强，要去选择心仪的艺术类专业。目前，艺术类专业分得越来越细，可供学生选择的专业越来越多。音乐主要大类分为音乐学、音乐表演、舞蹈学等专业，在选择过程中，要本着适合就是最佳选择的原则，综合各方面因素，选择一个或以一个为主、另一个为辅的艺术类专业。

(二) 根据艺术类专业录取方式进行选择

目前，艺术类院校的录取方式大致分为三种：第一种是专业课合格后，依据高考文化课成绩从高分到低分录取；第二种是文化课达线后，依据专业课成绩从高分到低分录取；第三种是将文化课成绩与专业课成绩按一定比例（或相加）综合后，从高分到低分录取。学生要认真分析自己的优势和劣势，专业课成绩好的，尽量选报按专业课录取的专业；文化课成绩好的，尽量选报按文化课录取的专业。这样可以充分发挥自己的优势，提高录取率。

(三) 根据所报院校及专业历年录取分数进行选择

学生可以参照近三年各院校各专业录取分数线，根据自己专业课和文化课的实力，选择自己可以报考的院校及专业。对于要实行校考的院校，选定院校及专业后，要根据各院校各专业考试的具体要求进行专业学习和专业培训，做到有的放矢地进行有效培训。

(四) 根据院校实力和专业发展前景进行选择

近几年，艺术类专业发展很快，有些院校盲目扩招，造成有些专业就业过剩。但也有许多专业社会需求大，出现供不应求的现象。考生在选择院校时尽量选择专业性强的学院，例如，报音乐专业的尽量报音乐学院或重点大学和师范类院校艺术类专业。

1.掌握本省艺术类考试规章制度，一般各省教育招生考试院会在11月陆

续发布《普通高等学校艺术类招生办法》等政策性文件，从中了解当年艺考的报名时间、报名流程、考试时间、考试地点、成绩查询时间及方式等信息。

2. 了解全国校考院校在本省的招生专业、招生计划、报名时间、报名地点、考试时间、考试地点，帮助孩子选择院校并制定考试时间安排表。

3. 学会分辨高校的档次，一般艺术类院校分为三大类：一类是专业的艺术院校，比如中央音乐学院、南京艺术学院等；二类是综合性大学的艺术类专业，比如中央民族大学开设的艺术类专业；三类是师范类大学开设的艺术类专业，比如北京师范大学、东北师范大学等。在为孩子选择院校的时候，一定要拉开院校梯度，比如专业院校考几个、综合性大学考几个，这样会增加孩子的录取机会。

4. 学会查询各高校在本省近几年的艺术类录取情况，包括历年的专业合格线、文化课录取线、在本省招多少人等对考生报考时具有决定性的参考意义的信息。一般各高校会将这些信息公布在高校官方网站的招生信息频道，为了保证数据的准确性，建议家长在高校官网查询信息。

5. 主动帮助孩子查询考试成绩。各高校艺术类考试成绩会在 4 月左右开通查询，为了节省孩子宝贵的文化课冲刺时间，建议家长主动承担帮助孩子查成绩的事情，不要让孩子为查成绩而分心。

6. 了解孩子的文化课成绩。现在随着新课改的实施，艺术生文化课分数也在逐年提高，大多艺术生是因为文化课不过线而落榜，家长应从班主任那里了解孩子的文化课成绩，并制订相应的备考方案。

7. 从心态上积极引导孩子。艺术生在紧张的学习和考试压力下，容易产生焦虑、恐惧考试等心理，家长们应经常和孩子沟通并鼓励孩子，充分发挥家长的引导作用。

8. 了解填报志愿的基本常识和流程。艺术类考生填报志愿不同于文化生，家长们要从孩子已经拿到艺术类合格证的院校中选择一所填报志愿。需要特别注意的是，艺术生的第一志愿非常重要，一般情况下，艺术类高校的调剂率是非常低的，最好选择孩子专业课考得最好的院校作为第一志愿填报。

四、掌握专业考试要注意哪些相关事项

专业考试阶段最好保持讲普通话的习惯，回答考官的问题时一定要声音

洪亮。考场上是不允许刻意化妆的，特别是浓妆，最好也不要戴眼镜，考生的发型不应遮盖住额头，女生的脸颊也不要让头发遮挡住。此外，着装也是考官的观察点之一，女生的服装穿着要尽量展现出身材的比例和线条，要显得整洁利落。一些女生个头儿本来就不高，穿件长套衫，上下就是一个筒状，看不出腰身线条不说，视觉上更显得矮一些。例如，声乐考试主要考查嗓音条件及韵律基础，考生只要选唱一段歌曲，唱准唱好就行，注意音量要放开，节奏要唱准。如果考生唱歌时跑调，朗诵时结结巴巴背不出台词，那肯定得不到好的成绩。

　　每个人都梦想被鲜花和掌声环绕，都想享受成功的喜悦，正是怀揣着这样的梦想，数不清的学子背上行囊，走上了艺考这条路。在此祝愿所有艺考学子有志者事竟成！

吴海芳接受九江新闻广播电台
《教育面对面》采访

优秀教师的成长途径

——青年教师座谈会发言稿

江西省九江市第七中学　吴海芳

尊敬的各位领导、老师们：

下午好！

非常荣幸能有机会与同人探讨交流我们共同关注的教育话题，这也是对我几十年从教生涯的一次反思，在座的青年教师们都是学校实现二次腾飞的骨干力量，希望我的发言能对大家有所启发，不当之处恳请批评指正。

首先简单介绍一下我的教育教学经历，我 1993 年毕业于九江师专艺术系音乐教育专业，分配至九江市七中至今，一直在教学一线。由于学校教学需要，先后担任了初中、小学（我校在浔东小学实验班）、高中三个学段的音乐教学，四届高中艺术班班主任，10 年音乐教研组长，并先后在校团委、艺教处、教研处担任过行政工作。下面我将从教师幸福的含义、做好教师职业规划、优秀教师应具备的能力三个方面与同人进行交流。

一、教师幸福的含义

作为当代大学生，若是带着一脸茫然踏入这个拥挤的社会，怎能满足社会的需要，使自己占有一席之地？作为年轻教师的我们，要想成长为一名骨干教师甚至特级教师，其中必定要经历一个成长过程，这个过程未必一帆风顺，遇到困难、曲折都是很正常的事情，但是如果我们能做好提前自我剖析—专业成长目标—措施与策略等，并能深悟出教师的幸福含义，我想我们就能很快找到途径。

常常有朋友问我："在一所中学待了近三十多年，你幸福吗？"我的回答是"累并幸福着"。幸福是什么？其实幸福没有绝对的答案，关键在于我们对生活的态度，其不取决于生活状态，而取决于心态。幸福是一种积极的良好的心态、知足的心态、宽容的心态、付出的心态、成功的心态，幸福就是人的精神需要最高层次得到自我价值实现的状态。

教育是培养自由的人和创造性思维，最大限度地挖掘每一个人的潜力。教育生活本身应该是幸福的，著名学者朱永新教授说："教育在作为促进美好生活的一种手段的同时，应当让教育者、被教育者拥有幸福而又完美的生活。"他还说过："教育如果不能给人幸福，那么它就是无意义的。""铁打的营盘，流水的兵"，作为一名教师，在学校要度过我们一生中从初为人师到退休离职 30~40 年的时间（22~60 岁），试想如果教师只是守着自己大学的知识体系，从不更新教育观念，面对一批批与自己年龄差距越来越大的学生，将如何掌控课堂？如今已经进入 5G 时代，对教师的冲击是非常大的，旧的照本宣科的教学方法早已不能适应社会的快速发展。

我们是与每个学生最美的青春相遇（12~18 岁，3~6 年的中学时光），如能换位思考，今天的学生就是昨天的我，竭自己所能让更多学生的明天更灿烂。师生同行就是塑造最好的自己。如果我们都能努力成为学生一生中的"重要他人"，那么我们就是幸福的教师。我想只有乐教、爱生，才能体会到这种幸福。

二、做好教师职业规划

教师生涯角色一般有教师、班主任、教研组长、年级组长、行政管理人员。每位教师首先要有职业规划：我要成为怎样的教师？（教学型、科研型、管理型）要做好理智自我定位、筹划未来角色、配以相应的行动。

教师职业生涯一般要经过以下几个时期，欢迎大家对号入座，看看自己属于以下哪个时期。准备期：新手型的教师，浅显的教育理论，会遇到课堂纪律、如何激发学习兴趣、学困生管理等问题。适应期：基本合格教师，能够胜任教学工作，会有如何处理不同差异学生等问题。发展期：骨干教师，教学中坚力量，处于事业的高原期，有改革创新意识不足等问题。成熟期：

教学经验丰富，科研成果显著（课题、论文、专著），最终成为卓越型教师、名师乃至教育家。当然不是所有教师都能达到最后阶段，成功与否取决于教师最初的职业规划，以及努力与坚持的程度。

当一位教师不再局限于单纯模仿和经验积累，能不断地学习现代教育理论，对先进的教育思想理念与方法就会上升到理论层面去理解。锐意改革创新，勇于走自己专业发展的特色之路，敢于超越自己。能用理性的目光和主人翁的姿态去审视新课程改革，审视音乐课堂教学改革方向、课程脉络，敢于探究实践、敢于拓展教材、敢于创新教法，能积极参加教科研活动，能主持和参与省市级、校级课题研究，从而不断优化自己的教育教学行为，逐渐把教学技能融合成教学艺术，使自己的课堂教学水平达到新的高度。

教师只有以"我的未来我做主"这样的使命感投入教学工作中，才能最大限度挖掘自身潜力，才能实现"心有多大，舞台就有多大"的人生价值。

三、优秀教师应具备的能力

（一）教师本学科的基本技能

以音乐教师为例，首先要有音乐教学基本功，如钢琴、声乐、即兴伴奏、合唱指挥、音乐欣赏、自选器乐或舞蹈等项目。其次对音乐作品的熟悉、分析和理解以及探究音乐知识面，音乐教师的音乐审美观点首先要正确。通过音乐教育教学，特别是通过艺术情感熏陶，使学生树立正确的音乐审美观点。

音乐教师首先要有正确的审美价值观，知道什么是美、什么是丑、什么是真美和假美；其次要具有一定的审美能力，能够满足自身对审美生活的需求。而无论是审美价值观还是审美能力，都必须经过后天的培养。

学校美育很重要，美育就是要解决两个问题：一是培养爱美之人，必须要有爱美之师。作为一名爱美之师，并不是我的歌唱得美，琴弹得美，舞跳得美，而是一种由内而外、能够潜移默化向学生植入美的基因的作为一个人而不是作为一种专业的美。二是以美育人，必须要五育并举。音乐课不只是音乐课，各个学科、各门课程要尽可能打通，形成育人合力，共同目标都是助力学生成长。

当然要了解其过程是漫长的、潜移默化的，不可能立竿见影。此外，音乐教师自身的文化修养直接决定授课中"情感态度与价值观"的落实。

总之，做自己最喜欢最擅长的事情，教师本身要有清晰的自我定位。人各有所好，人各有所长。每个人都应该对自己有一个清晰的认识，找准自己的人生坐标，扬长避短，以长搏短，不攀比，不追风。

（二）教育学、心理学的策略能力

教育家苏霍姆林斯基说过："让每一个学生在学校里抬起头走路。"我们要善于利用教育学、心理学帮助学生。例如，如何激发学生学习兴趣、如何对待后进生、如何处理教学中的突发事件等。教学中要善于运用多种方法，如音乐课上讲解音乐故事、音乐家及作品的传闻逸事等，创设悬念，吸引学生。

音乐教师幽默风趣，充满艺术性的教学风格，充分体现教师的教学魅力，这样学生对音乐课堂充满期望，有求学的欲望，有盼望每周一节音乐课尽快到来的愿望，让学生觉得学校是他们一生中去过最快乐的地方。

我常常在课堂询问学生："你们喜欢音乐吗？"如果答案是肯定的，那么祝贺你，因为你已经拥有了世界上开启人类智慧的三把钥匙（文学、数学、音乐）中的一把，音乐是用有组织的音构成的听觉意象，以此来表达人们的思想感情与社会现实生活的一种艺术形式，也是最能即时打动人的一种艺术形式。大科学家爱因斯坦在人生终了时的一句感悟："死亡是什么，死亡就意味着再也无法听音乐了。"

当然，音乐也是最抽象的艺术，也就出现了"一千个观众眼中就有一千个哈姆雷特"的音乐感官反差。这就是为什么学生听同一首音乐作品会有千差万别的情绪反应，因此要想听懂音乐，必须先培养良好的听觉能力。

俗话说得好，世上先有千里马而后有伯乐，只有好的音乐却没有欣赏的人岂不是人生一大憾事？"没有艺术的教育是不完整的教育"，学校为了培养学生德智体美劳全面发展而开设了音乐课，学生要通过认真上音乐课，跟随音乐教师走进音乐殿堂，每当音乐响起，放声歌唱，虽然不能去完全演绎这些音乐，但至少我们可以试着去欣赏音乐、听懂音乐，这样既放松了我们的心情，又陶冶了我们的情操，还增强了我们对美的认识。

当然，学习音乐绝不能仅仅停留在音乐课堂上，只要你愿意与音乐同行，在竹林、湖边、江畔、星空下，你都能欣赏到美妙的音乐，不论快乐或痛苦，幸福或迷惘，激动或不安，都能在音乐中得到舒缓。如果你还会演奏一种乐器，那就离音乐殿堂更近了一步。在我国古代，琴棋书画是文人修身所必须掌握的技能，其中"琴"居第一位，如孔子、诸葛亮、沈括、汉高祖他们都会鼓琴或击筑。美国科学家还发现，只要学习同一种乐器超过三年，就能在认知能力方面优于那些没有接受过乐器训练的孩子。

设想如果世界上没有音乐，我们的生活定会缺少许多美感，生活也会变得枯燥无味。同学们，行动起来，请与音乐同行吧，它会帮助你健康快乐一生，你也一定会乐在其中。

（三）教育教学有效方法的运用能力（教师的构课智慧）

老子："天下大事，必作于细。"优秀教师都会说："我一辈子都在备一堂好课。"备课三部曲：教材与教师之间体现了有它无我、有我有它、有我无它三种境界。

首先灵活领悟新课标精神，其次熟悉教材的精髓，再次把握教材、理解教材、超越教材，最后才能形成敢为人先、创新独具风格的教学方法。上课要做到三种境界：首先吸引学生兴趣，也就是形动；其次真情打动、创设氛围，做到让学生心动、再水到渠成渲染音乐作品价值观，用正确审美观引领学生达到神动；最后达到春风化雨、润物细无声的音乐审美目标。

总之，教学是用教学艺术体现一种过程。教学过程具有不可捉摸的细腻性、生动性和煽动性。如音乐课堂教学设计、结合教学参考、录音录像资料、选择编配音像资料、引进多媒体教学等手段。每一节课教学方法的有效运用最终都是教师构课智慧的体现。

（四）教师的教学研究能力（成为优秀教师的关键）

叶澜教授说，一个教师写一辈子教案是难以成为名师的，但是如果坚持写三年教学反思、教学故事，则可能成为名师。我们要积极参加教学研究工作（参与教研活动、撰写学术论文、教育教学课题研究等），组织指导课外兴趣小组、团队建设（合唱队、舞蹈队、管乐队等）。教育科研是名师与普通教师（专家型教师与教书匠）的分水岭。

要常常反思"我为什么教"，为考而教是以知识为本位，为教而教是以学科为本位，只有为学而教才是真正的以学生为本位。为何教是教学目标价值观的表现，为谁教是教学本体师生观的反应。教什么、怎么教则分别对应教学内容课程观与教学方法教学观。这些都是我们在授课之前要进行的案头分析的。

音乐教学最注重的是培养学生的探究意识，满足其对音乐的好奇心；要注重培养学生的自我意识，满足其音乐的表现欲；要注重培养学生的享受意识，满足其音乐的成就感。这些都是音乐教育要给予学生的最珍贵的东西，却恰恰又是我们做得最不好的方面。而要做好这些，我们必须充满智慧，满怀爱心。作为爱美之师，我们既要做教学的武林高手，更要做学生的心灵捕手；既要展现自己的风采，更要成全学生的期盼；既要让自己享受教学，更要让学生享受艺术。

老师们，既然我们共同选择了教师这一光荣的职业，就让我们为了自己的理想而尽快成长起来吧！送给在座的老师一句话：学无涯，三尺讲台贵求索；敢为先，乘风破浪立潮头。

吴海芳座谈会发言